LA FOI,
OU LA NOSTALGIE DE L'ADMIRABLE

« Espaces libres »

BERTRAND VERGELY

LA FOI, OU LA NOSTALGIE DE L'ADMIRABLE

Albin Michel

Albin Michel
■ *Spiritualités* ■

Collection « Espaces libres »
dirigée par Jean Mouttapa et Marc de Smedt

Première édition :
Ose savoir - Le Relié, 2002

Nouvelle édition au format de poche :

Un monde sans foi ?

La première leçon d'un cours de philosophie consiste à rappeler que les philosophes ne sont pas là pour croire, ni pour faire croire, mais pour penser, et faire penser. Ce qui se comprend. Croire, n'est-ce pas adhérer par principe ? Et se lier ainsi, n'est-ce pas renoncer à penser, à juger, à critiquer ? Celui qui croit cesse d'examiner. Il adhère. Il ne remet pas en cause. Le philosophe se refuse à croire ainsi. Il lui faut examiner. Car, à ses yeux, il est trop facile de croire. Qui n'a pas rêvé de pouvoir s'abandonner les yeux fermés à un idéal que l'on n'aurait plus à devoir penser, en suivant un maître en qui l'on pourrait avoir toute confiance ? Devoir faire preuve de vigilance a quelque chose d'usant. Il arrive que l'on ait envie de ne plus lutter, afin de goûter les fruits de l'insouciance. On est alors plus fou que sage, en laissant choir la pensée qui fait l'honneur de l'humanité.

L'enfant croit toujours ce qu'on lui dit, et il est bien qu'il en soit ainsi. En doutant du monde qu'il voit comme des adultes qui l'entourent, il ne survivrait pas un instant. Il connaîtrait le sort tragique de ces petits autistes condamnés à se replier sur eux-mêmes du fait d'une relation blessée au monde et aux adultes.

Il faut que l'enfant croie. Le monde adulte le sait. Et c'est la raison pour laquelle il ne lui vient pas à l'esprit de se moquer des petits qui, chaque année, attendent le retour du Père Noël. Il s'agit là d'un geste vital. C'est en croyant que la vie peut le combler, que tout enfant apprend à l'aimer. Bergson a bien parlé de la fonction fabulatrice. Il a compris que la vie humaine a besoin d'être fabuleuse pour être humaine. Toutefois, on ne peut vivre toute sa vie comme un enfant.

Il faut savoir, un jour, dire adieu à l'enfant que l'on a été afin de rencontrer l'adulte que l'on n'est pas encore. Si on ne le fait pas, on stagne, on régresse, puis on chute en faisant chuter le monde autour de soi. L'adulte qui n'a pas grandi joue à répéter son enfance. Au lieu d'être, il joue à mimer ce qu'il est. Ce geste n'est pas neutre. La psychanalyse, on le sait, appelle pulsion de mort tout ce qui se répète d'une façon compulsive. Le refus de quitter son enfance, ainsi que le vert paradis des croyances enfantines, relève d'une telle pulsion de mort. À vouloir trop croire, on finit par tomber dans l'excès. Secrètement, on n'y croit pas. On a peur d'y croire vraiment. On ne fait pas confiance aux possibilités qu'a l'adulte de croire autrement qu'un enfant. Combien de croyances sont de vrais actes de foi et non des doutes travestis ?

Il existe un théâtre de la croyance. Un théâtre souvent nihiliste, le fait de croire masquant une forme de peur préférant la mort de la lucidité au risque de la pensée. D'où la sagesse d'une certaine incrédulité face à certaines formes de croyance, trop convaincues pour être vraiment convaincantes.

Cioran n'a cessé de se demander tout au long de son œuvre, si l'histoire n'aurait pas été moins sanglante avec un peu plus de doute et un peu moins de croyance. Comment lui donner tort ? N'est-ce pas le doute qui réveille et la croyance qui endort ? N'est-ce pas contre un tel sommeil que tous les sages ont lutté, en faisant douter afin de secouer les cités endormies ? La philosophie du Bouddha en Orient rappelle que tout est illusion. N'est-ce pas effectivement le cas ? Ne passe-t-on pas sans cesse à côté de la réalité, parce qu'on croit l'avoir découverte ? Et la sagesse de l'Occident n'enseigne-t-elle pas une chose semblable, quand elle souligne que nous nous trompons fort quand nous croyons savoir qui nous sommes ? Socrate, pour se faire penser et s'éveiller en éveillant les autres, disait ne rien savoir. Alain, pour réveiller lui aussi, n'hésitera pas à dire que penser, c'est dire non !

On aimerait que la pratique humaine s'en inspire. Elle en est souvent loin. On peut diriger la cité en cherchant à l'éveiller, et donc à l'éduquer. Ce fut le projet de Platon. Un projet hautement philosophique, profondément respectueux de l'homme et des hommes. On peut également vouloir diriger la cité en flattant l'aspiration des hommes au sommeil et au renoncement à soi. Démagogue et sophiste, on caresse la cité dans le sens du poil.

L'histoire n'est-elle pas le triomphe des sophistes et la défaite des philosophes ? Pourquoi les foules vont-elles en chantant vers leur malheur ? N'est-ce pas par envie d'y croire ? N'est-ce point que ceux à qui elles se donnent ont l'art de les faire croire ? Les peuples n'ont cessé de croire en des dictateurs, et ils continuent encore à faire confiance à des démagogues qui les abusent, mais les enchantent. Les temps changent, les passions demeurent les mêmes. La tentation de croire pour ne plus vivre n'est-elle pas la plus vieille tentation humaine ?

Sur l'échelle de la connaissance, Platon situe la foi au plus bas, tout à côté de l'illusion. Alors que la raison est un dialogue tout intérieur de l'âme avec elle-même, la foi (*pistis* en grec) lui est apparue comme une passion. Celle de se laisser prendre. Celle de se laisser captiver. Celle de succomber. Peut-on néanmoins réduire la foi à une telle fuite à l'égard de soi ?

Platon lui-même a dû convenir du contraire, car pour devenir sage, encore faut-il croire en la sagesse. Comment le faire sans la foi ? Celle-ci peut masquer un aveuglement. Mais n'est-elle que cela ? Si, demain, plus personne ne croyait plus en quoi que ce soit, le monde serait-il meilleur pour autant ?

Ne l'oublions pas, croire a deux sens et non pas un. Si croire signifie adhérer, au sens de s'oublier en se perdant dans l'adoration d'un dieu, d'un homme ou d'une idéologie, croire signifie aussi se trouver, en s'engageant généreusement dans une aventure spirituelle, humaine ou philosophique. En ce sens, la foi ne renvoie pas à un défaut d'être, mais à un surcroît d'être. Je crois ? Cela veut dire que je ne me contente plus de penser ceci ou cela d'une façon vague, en dilettante. Dans cette perspective, la foi constitue un progrès. Elle fait passer de la pensée molle à la pensée vivante.

La véritable pensée est rare. Non par manque d'intelligence parmi les hommes, mais plutôt par manque de foi. Tout le monde ou presque a des idées, sous la forme d'images, d'intuitions ou de rêves, rares sont ceux qui osent aller au bout d'une image, d'une intuition ou d'un rêve.

Le conformisme social y est pour beaucoup. Une âme conformiste cherche toujours à s'assurer qu'elle n'est pas seule à avoir une idée. Pour elle, la peur de la solitude passe avant la passion de la vérité. Elle a besoin de se rassurer auprès des autres. Ce n'est pas le cas de la vraie pensée pour qui l'opinion des autres importe peu. Il ne s'agit pas là d'un geste de mépris envers autrui. Au contraire.

La pensée, qui fait vivre le sens, anime la vie tout entière en faisant vivre ses multiples sens. Aussi n'est-il pas exagéré de dire qu'elle est la partie la plus vivante de nous-mêmes. Chacun peut l'expérimenter. Mettons-nous à l'écoute de l'une de nos pensées, en la prenant au sérieux. Vivons-la en l'approfondissant de l'intérieur. De pensée vague qu'elle était, elle dévoile soudain un univers de sens insoupçonné. La véritable richesse de l'existence apparaît tout à coup.

La pensée est en crise. La vie aussi est en crise. La raison en est simple. Si l'on croyait davantage en ce que l'on vit comme en ce que l'on dit, si l'on était davantage relié de l'intérieur à ce que l'on vit comme à ce que l'on dit, la pensée ayant du sens, la vie en aurait aussi. De ce fait, il est erroné de dire, comme certains philosophes, que la foi ne concerne pas la pensée. La foi est, au contraire, ce qui rend la pensée vivante. En la prenant au sérieux, elle la fait apparaître. Pour cette raison, une philosophie de la foi n'est pas une contradiction, mais une nécessité. Ce qui n'est pas une évidence.

L'esprit est à la source de toute vie. On en reste néanmoins perplexe. Le terme d'esprit semble abstrait. Ce qu'il n'est pas. Mettons de l'esprit dans les choses ; elles ne sont plus muettes et inertes, mais vivantes, pleines de sens. C'est encore plus vrai des hommes.

Mettons de l'esprit en ceux-ci, et ils deviennent des hommes accomplis. En apparence, la matière semble précéder l'esprit, tout comme, chez les hommes, le corps semble précéder l'esprit. C'est l'inverse, en réalité, qui est vrai. La matière comme le corps ne se mettant à vivre qu'avec l'esprit, c'est l'esprit qui précède la matière et le corps. Même s'il se révèle tardivement, tout commence avec lui. Tel un diamant dans un écrin, bien que protégé par la matière et le corps, c'est lui qui donne sens à cet écrin.

L'esprit n'est pas abstrait ; pas intellectuel non plus. Il est intelligence et pénétration. Il fait la lumière sur tout ce qui existe. Mais il y a davantage en lui. Il est aussi énergie. C'est elle qui incite à penser et à agir. Ce qui est une autre façon d'être lumineux. Dans une situation qui paraît une impasse, ayons l'idée d'avoir une idée et d'agir, le cours des choses se transforme. Cette idée donne le courage de vivre, avant de donner des idées et des réponses.

Il existe deux lumières au sein de l'esprit. L'une est la lumière de la foi, l'autre la lumière de l'intelligence. Si la seconde est la pleine manifestation de l'esprit, révélant toutes choses et tout être, la première est la source de tout esprit, sous la forme de l'énergie nécessaire à toute intelligence. Ces deux lumières sont inséparables l'une de l'autre. Grâce à leur concours réciproque, l'esprit est véritablement infini. Car la symbolique de la double face signifie que rien n'est unilatéral. Rien n'est refermé sur lui-même. Et l'expérience le prouve abondamment.

Qu'une intelligence cesse d'être soutenue par une foi, celle-ci n'est plus lumineuse, mais triste, capable d'analyser le monde, mais non de le transformer afin de le faire vivre pour aller de l'avant. Qu'une foi, à l'inverse, cesse de se manifester dans une intelligence, celle-ci n'est bientôt plus qu'un élan vidé de substance.

On critique l'intelligence desséchée. Et l'on a raison. On critique la foi aveugle. Et l'on a également raison. Car une authentique culture de l'esprit a besoin des deux. De l'intelligence, afin que la foi devienne lumineuse. Mais aussi de la foi, afin que l'intelligence devienne vivifiante. Il importe donc de lui rendre la place qui lui revient.

On ne l'expliquera jamais assez.

La lumière de l'intelligence

Penser, c'est dire non

La sagesse commence avec la prudence. À cet égard, elle est inséparable du doute, faculté du recul et de l'attente. On se précipite tellement ! On est tellement impatient ! Le doute est une incitation à se retenir, et à attendre. Les paysans, on le sait, sont prudents. Ils savent que le temps change. Ils n'ont donc pas besoin de croire. Belle leçon de patience.

Descartes a enseigné le doute. Alain aussi. Autre belle leçon de sagesse. Le doute est indispensable à la pensée. Il se confond d'ailleurs avec elle. Le vrai penseur ne se prend en effet pas pour tel. C'est ainsi qu'il devient un penseur vivant et que sa pensée demeure ouverte. Toujours prêt à penser, inlassablement. La vraie humanité ne cesse d'être humaine. C'est pour cela qu'il faut douter plutôt que croire.

Quand quelqu'un a du toupet et dépasse les bornes, on dit qu'il ne doute de rien. Il s'y croit, dit-on encore. Ce qu'enseigne la philosophie, l'expérience le confirme. Le doute est nécessaire. Il permet de demeurer lucide et humble. Il purifie de la complaisance envers soi, notre pire ennemi. Toutes les sagesses le rappellent.

La Bible enseigne l'amour de Dieu et non de ses idoles. Qu'il faut aimer la vie et non la mort. Dieu est la vie, rappelle-t-elle. C'est pour cela que son nom est imprononçable. Jamais un tel nom n'est prononcé, car jamais la connaissance de Dieu n'est totale. Ce n'est pas le cas de l'idole. Celle-ci dit tout, montre tout. Car elle veut combler. Elle veut fasciner en donnant à ceux qui la regardent l'impression d'être tout-puissants. D'où la fortune des idoles. D'où leur pouvoir de mort. Avec l'idole, parce que tout est dit et tout est montré, il n'y a plus rien à dire ni à voir. La parole est tuée, la vision également. Si Dieu est l'avenir de la vie, l'idole en est le passé.

Avec elle tout est révolu. C'est pourquoi la complaisance envers soi-même est si dangereuse. Elle est idolâtrie, et à ce titre, mort. Idolâtrons-nous. Il en va de nous comme de Dieu. Tout est dit. Tout est montré. Nous n'avons plus d'avenir. Nous sommes morts.

Selon Platon, le tyran devient le fonds de l'humanité quand celle-ci ne laisse pas parler en elle la voix de la philosophie. Il a compris à quel point est tentante la fusion avec soi. Comment ne pas y voir une juste analyse des conduites de croyance et d'adoration ? Les foules ne sont-elles pas tentées d'adorer les tyrans extérieurs qui leur permettront de fusionner avec leur tyran intérieur ? Ne cherchent-elles pas à croire en ceux qui les feront croire en elles ?

On s'interroge souvent sur l'origine du mal. Tout un passé religieux nous a enseigné que celui-ci provenait d'un manque de croyance. Et si la vérité était ailleurs ? Et s'il s'avérait que nous subissons le joug du mal, non parce que nous ne croyons pas, mais parce que nous croyons trop ? Le doute, avons-nous dit, est la faculté du recul et de la distance. N'est-il pas, dans ces conditions, un rempart contre toute fusion ? N'est-ce pas faute d'un tel rempart, qu'il nous arrive de chuter ?

Relisons le récit de la Genèse, traitant de la chute. Et surtout, relisons-le d'une façon symbolique, sous l'angle d'une situation intérieure. Que voyons-nous ? N'est-ce pas la tentation de la fusion qui s'y trouve dénoncée ? Le serpent, qui promet à Ève qu'elle deviendra semblable à Dieu si elle consomme du fruit de l'arbre de la connaissance, n'incarne-t-il pas la tentation de la fusion ? Et Ève qui, à son tour, séduit Adam, n'incarne-t-elle pas la tentation de la fusion au sein de leur couple ? D'une façon générale, le couple d'Adam et Ève ne désigne-t-il pas la confusion qui peut s'emparer de qui est tenté de se fondre avec soi-même ? Ne risque-t-on pas de laisser l'inaccompli de nous-mêmes (Ève) envahir l'accompli de nous-mêmes (Adam), quand il faudrait que l'accompli se marie à l'inaccompli ?

L'absence de distance est fatale aux rapports que nous pouvons avoir avec Dieu, avec les autres, comme avec nous-mêmes. C'est pour cela que le judaïsme enseigne à déchiffrer sans relâche. Ne pas clore le texte, c'est ne pas clore la relation. Il existe, de ce fait, un doute plein de foi. Celui qui ouvre sur l'infini du sens. Il consiste à douter, non afin de faire tomber, mais de relever. On pourrait cesser d'avancer, se coucher pour dormir, abandonner le lien qui nous unit à l'infini. On ne le fait pas. On se force à aller contre soi. On s'oblige à aller chercher de l'ouverture là où l'on pensait en avoir fini une bonne fois pour toutes. Et soudain, pensant ainsi contre soi, on découvre des univers insoupçonnés.

On n'a jamais suffisamment pensé. Car on ne soupçonne pas ce qu'il reste à penser. C'est pour cela que la vraie foi et, par là, la vraie science appartient à ceux qui doutent. Ne croyant pas avoir atteint le fond des choses, ne pensant même jamais pouvoir y parvenir, ils avancent donc toujours. Il faudra un jour s'en rendre compte. Il existe une foi dont on a peu parlé, la foi des sceptiques. Les Anciens appelaient sceptiques, ceux qui cherchent.

Du non au oui

Descartes a pratiqué le doute afin de découvrir la vérité. Cependant, on ne le souligne pas assez, il ne s'est pas contenté de douter. Il a proclamé vrais un certain nombre de jugements. En ce sens, il est allé au-delà de son doute. Il a même carrément douté du doute, désignant sa face négative.

Il y a là beaucoup de sagesse. Car si le doute est, à certains égards, une vertu intellectuelle permettant de penser, il peut aussi constituer une passion empêchant de penser. Quand, en effet, on doute par principe, on n'est plus dans la pensée, mais dans la passion. On veut tout ébranler par désir de pouvoir, voire par fascination pour le néant.

L'histoire en témoigne, le pouvoir du doute est redoutable. Il se répand d'une façon contagieuse. La raison en est double. En chacun de nous, quelqu'un est prêt à douter pour peu qu'on le lui suggère. La confiance en soi est rare. La méfiance, la peur même du monde, la hantise d'être trompé ou trahi, sont, au contraire, fort communes. Il ne faut donc pas grand-chose pour qu'une société se mette à douter. L'agitateur le sait. Aussi en profite-t-il en usant d'un stratagème aussi subtil que pervers.

Tout le monde ayant un peu peur de tout le monde, personne n'aime, comme on dit, « se faire avoir ». Chacun est enclin à se sentir dopé par quelque forte tête habile à déceler le mal là où l'on n'avait rien vu. Quand on a compris ce principe, il n'est plus difficile de s'emparer du monde. Faisons-le douter en lui donnant l'impression que, grâce à ce doute, il va devenir intelligent et ne pas « se faire avoir », il sera possible de le pousser à s'autodétruire, sans qu'il s'en aperçoive.

Ceux qui doutent en permanence de tout se croient souvent très forts. En réalité, ce sont des faibles, victimes d'un invisible agitateur qui se sert d'eux pour faire vaciller le monde. En ce sens, la croyance n'est pas l'unique responsable des malheurs de l'histoire. Il y a aussi le doute. Jamais l'oppression ne s'exerce mieux que sur des foules désabusées.

Le doute sert la passion du pouvoir. Et aussi la passion du néant, l'une n'allant d'ailleurs pas sans l'autre. Quand plus rien n'a de sens, il reste le pouvoir pour donner encore un sens. Et quand le pouvoir devient l'unique sens, semer le néant autour de soi devient le plus sûr moyen d'acquérir du pouvoir. Si le néant est le moyen d'acquérir du pouvoir, le pouvoir est la fin qui permet au néant d'exister.

« Je suis l'esprit qui toujours nie », dit Méphisto de lui-même dans le *Faust* de Goethe. Belle lucidité du diable à son propos. Faisons en effet jaillir le doute partout, et le monde s'écroule, empoisonnant tous les rapports possibles en son sein. On va pouvoir se jouer de tout, y compris de soi, le doute systématique étant l'incarnation du jeu. Les esprits cyniques le savent bien. Voilà pourquoi ils doutent sans cesse. Cela leur permet de transformer le monde en un jeu, dont ils deviennent les maîtres.

Le doute a fasciné l'âge baroque. Le jeu et le diable également. Les trois vont ensemble. Le doute est lié au jeu, car douter introduit du jeu dans les choses en les dédoublant. Le monde est stable jusqu'à ce que le doute survienne et fasse tout bouger. Sa force est redoutable. Elle fissure l'unité de toutes choses en les dédoublant avant de les démultiplier. Du multiple au diable, il n'y a plus qu'un pas, aisé à franchir. Quand tout est disséminé, tout ne devient-il pas dérisoire ? Tout ne devient-il pas possible, à commencer par la dérision généralisée, puisque plus rien n'a de valeur ? On peut alors fonder un ordre du monde donnant à ceux qui le vivent, l'impression qu'ils sont des dieux. Il suffit pour cela de douter de tout. Au XVIIe siècle, lorsque s'est scellé le destin du monde moderne, Descartes l'a compris. C'est pour cela qu'il s'est séparé du baroque et de son doute sans limites.

Avec beaucoup d'intuition, l'auteur des *Méditations métaphysiques* montre que le doute n'est pas neutre. S'il est indispensable pour stimuler la raison, il n'en est pas moins double et, par là même, dangereux. Car il y a deux doutes et non un seul : un doute qui ne doute de rien, un autre qui, au contraire, sait à un moment douter de lui-même. Le premier est un doute ivre. Un doute de joueur, entraînant une science qui joue avec le monde et les hommes. Le second est un doute responsable, respectueux du monde et des hommes. Descartes a souhaité que le doute responsable l'emporte sur le doute ivre. L'histoire ne l'a pas toujours entendu. Le doute ivre l'a maintes fois emporté. Il l'emporte encore maintes fois.

On s'interroge au sujet de la raison. Comment celle-ci, par définition le contraire de la folie, peut-elle parfois y conduire ? L'usage du doute en est la cause. Lorsque celui-ci s'enivre de lui-même au point de ne plus rien accepter, le pire est à craindre. Et c'est effectivement le pire qui advient, la science ayant oublié les trois piliers qui la soutiennent.

Le premier est son projet de rendre l'existence réelle. On peut en effet vivre sans vérité, ni profondeur, sans donner aucun sens à son existence.

Sans sagesse en un mot. Mais on vit mal, quand on vit de la sorte, faisait observer Vladimir Jankélévitch. Ou bien, on peut vivre avec vérité, sens et profondeur. L'existence prend alors une heureuse tournure. Elle s'emplit d'esprit. C'est lui qui rend la vie réelle. Pour lui, Descartes s'est voué à la science, la vraie vie consistant à vivre avec science.

On peut dès lors comprendre les autres piliers de la science, qui sont métaphysiques. Tout n'est pas douteux en nous. La pensée, qui nous permet de douter, en est la preuve. Tout n'est pas douteux hors de nous. Que l'on ne puisse inventer Dieu (l'infini ne s'inventant pas) en est une autre preuve. Le réel, autrement dit, n'est pas une fiction. Il existe bien. En nous, sous forme de la conscience, qui nous permet de douter et de penser. Hors de nous, sous la forme de Dieu, source infinie d'existence. Sans ce don, nous ne serions pas là, comme nous le sommes, avec la possibilité de douter. La science ne serait pas là non plus.

Il faut dès lors en tirer les conséquences. Science et métaphysique sont liées. En effet, si la science rend l'existence humaine plus réelle en lui permettant de construire un véritable rapport au monde sur la base de la raison, la métaphysique rend la science réelle en lui donnant pour sens, non pas d'être un jeu sur fond de néant, mais une réalité sur fond de réalité. Brisons ce lien, l'absurde entre en scène et la violence s'installe. Car c'est en tenant le réel et l'homme pour nuls par eux-mêmes, que la science se permet de les manipuler et devient, de ce fait, dangereuse.

Descartes a pratiqué le doute, non pour détruire, mais pour construire. Toute relation au monde comme aux hommes s'effectuant sur la base d'un oui préalable, il voulait un consentement réel. Si donc existe une foi du sceptique, qui doute par foi dans l'infini, il existe aussi une force critique et démystificatrice de la foi. Quand on prétend ne croire en rien, on croit douter. Mais on oublie de douter, la croyance en rien étant une croyance. Quand, au contraire, on croit, au sens de consentir au réel qui est en nous comme au-dehors de nous, on a l'impression que c'est une croyance. En réalité, il s'agit d'un acte de résistance au néant. C'est en consentant à l'existence et à ce qu'elle signifie, que l'on prend congé du néant.

L'intérêt de ce que l'on croit

Les philosophes ont la réputation de ne pas croire. La réalité est différente. De fait, ils ne cessent de croire. D'abord, parce que toute la philosophie est suspendue au consentement à la pensée. En outre, les philosophes sont en permanence concernés par la croyance, qui est bien ce qui existe de plus passionnant.

Les philosophes de l'expérience comme Hume ont accordé une grande importance au fait de croire pour savoir. Car il est bien idéaliste et quelque peu abstrait d'imaginer un instant qu'il est possible de savoir sans croire. Si nous étions de pures intelligences capables de penser sans commettre aucune erreur, nous n'aurions certes pas besoin de croire. Mais est-ce le cas ?

Platon, pourtant peu suspect de complaisance envers la croyance, a dû concéder que nous avons besoin de croire pour nous mettre à penser, tout simplement parce que nous découvrons la pensée en suivant un maître, en croyant en lui. Croire, ici, n'est pas éloigné du fait d'aimer, et aimer nous permet de nous guider sûrement, quand nous n'avons pas encore de pensée. Pour devenir Socrate, il faut aimer Socrate. Il faut croire en Socrate.

Par-delà le fait de suivre un maître, la philosophie naît également quand vivre nous intéresse au point de croire en le fait de vivre. Cette façon de croire en la vie nous transforme, nous-mêmes, les autres, et le monde. Transmettre une telle foi en la vie est l'un des plus beaux dons que l'on puisse accorder.

Hume a examiné la croyance, afin de renouveler la philosophie. Trop souvent, le métaphysicien tente de remonter aux premières causes, afin de tout connaître. Un tel projet est ruineux. Non seulement, il conduit l'esprit à divaguer à propos de domaines qu'il ne maîtrise pas, mais il demeure philosophiquement pauvre, en ne faisant rien vivre. Si nous entreprenions d'être cause de quelque chose, au lieu de contempler passivement des causes abstraites, hors de nous ; si, au lieu d'expliquer le monde, nous le vivions à partir de notre expérience, la philosophie serait enfin philosophique. Elle se peuplerait d'expériences que l'on échangerait. On en apprendrait plus sur la vie que d'une métaphysique obsédée par la découverte des causes premières.

Partons de ce qui nous importe. La parole s'écoule, heureuse pour celui qui la vit, féconde pour ceux qui l'écoutent.

L'empirisme a toujours été qualifié de scepticisme, parce qu'il réduit les discours métaphysiques à des croyances. En fait, il est plus original que réducteur, en rappelant que toute philosophie intéressante n'est jamais qu'une expérience de vie mise en mots. Là où certains écrivent des biographies, les philosophes écrivent une philosophie. Si une biographie est une leçon de philosophie, une véritable philosophie est une leçon de vie personnelle. Et c'est bien cela qui est passionnant. Trouver ce qui aide à vivre.

Hegel a dit que toute vérité se devait d'être deux fois vraie. Toute vérité se doit, en effet, d'être non seulement pensée, mais vécue, c'est-à-dire défendue devant les hommes, d'une manière authentique. C'est à ce prix qu'elle devient crédible et qu'elle les unit. Descartes l'a compris, en soulignant que le vrai n'est pas simplement ce que l'on pense, mais aussi ce que l'on veut.

Quand croire permet de savoir

La raison a pour habitude de critiquer les croyances et, plus particulièrement, les préjugés qui embarrassent l'esprit ; le préjugé qui juge avant de savoir relève de la violence au sein de l'esprit. Il ne veut pas connaître, tant il est pressé de réagir en disant oui ou non, et en général, plutôt non que oui.

Fermé à ce qui n'est pas lui, le préjugé est, par définition, l'expression du repli haineux sur soi. Aussi s'expose-t-il sous des formes paranoïaques en déroulant un cercle vicieux. On se sent fragile et menacé. Pour se protéger, on condamne. Comme on condamne, on est menacé et mis à l'écart. La seule issue est alors de condamner à nouveau. Le préjugé alimente le préjugé. Les conséquences sont dévastatrices. Laissons le préjugé guider le monde, et tout le monde finit rapidement par haïr tout le monde, sans même savoir pourquoi.

Toutefois, pour se fonder rationnellement, tout jugement a besoin de règles. Elles résident dans les données universelles du jugement, qu'incarne le principe d'identité. Celui-ci énonce que l'on est apte à juger quand on ne se contredit pas. Si ce principe fonde la raison, c'est un acte de foi qui fonde ce principe. Car il faut adhérer à des valeurs d'ordre, de stabilité, de permanence, afin que puisse exister le principe d'identité. Contestons ces valeurs, il s'écroule. Au sérieux dans le monde, succède le jeu avec le monde.

Est-il illégitime de fonder la logique sur un acte de foi ? Nullement. S'il faut croire pour commencer l'entreprise logique, cette foi n'est pas pour autant arbitraire, la fécondité née d'un tel acte de foi venant rapidement fonder a posteriori ce que la foi ne pouvait légitimer a priori.

L'histoire des sciences montre qu'il existe plusieurs mathématiques ainsi que plusieurs physiques. Chacune renvoie à une étape de l'évolution du savoir, avec une vision du monde fondée sur des croyances. S'il est vrai que la science n'a cessé de critiquer ses propres croyances, elle n'a cessé de changer une croyance pour une autre. Certes la croyance est un obstacle pour la science, mais aussi son tremplin. Sans croyance au départ, pas de science.

Évidemment, on fera observer que celle-ci est toujours contrôlée par un protocole théorique qui transforme la supposition en hypothèse. Néanmoins, toute hypothèse porte la trace d'une supposition, toute supposition porte la trace d'une croyance.

Bachelard, dans l'analyse qu'il a faite de la culture, a montré que celle-ci se développe selon deux axes, onirique et scientifique, les hommes ayant besoin de rêver le monde, mais aussi de le comprendre. Si, selon l'axe onirique, le penseur passe de la compréhension au rêve, selon l'axe scientifique, il passe du rêve à la compréhension.

Si rêver et comprendre sont des actes antinomiques, il existe entre eux une complémentarité. Chacun a besoin de l'autre pour croître. Ainsi, la poésie a-t-elle beau ne pas vouloir comprendre, c'est en partant d'une réflexion qu'elle conquiert, contre la réflexion, les espaces du rêve. Tout rêve est une réflexion surmontée. Et l'inverse n'est pas moins vrai. La science a beau ne pas vouloir rêver, c'est en partant d'un rêve qu'elle conquiert, contre le rêve, les moyens de comprendre. Toute compréhension est un rêve surmonté.

La science tente de se purifier à l'égard de la croyance. Elle s'y adosse cependant. La science, qui ne naît pas de la non-science, ne naît pas non plus d'une science préexistante. Issue d'un désir mêlé d'intuitions, elle se purifie en revenant sans arrêt sur elle-même, afin de transformer ces intuitions en concepts. Sans le travail du concept, la science ne serait rien. Mais sans ses intuitions premières, elle ne serait rien non plus. Les professeurs l'admettent aujourd'hui. On ne doit pas couper un esprit de ses intuitions. On ne doit pas, en particulier, étouffer le sentiment que le monde n'est pas muet. Il ne s'agit pas là d'une projection anthropomorphique, mais du berceau de la connaissance. Celle-ci naît en se mettant à l'écoute du monde. Elle débute en ayant affaire au langage du monde et non à un monde d'objets. En faisant parler le monde, le langage donne consistance aux objets du monde. Il faut donc bien croire pour savoir.

Les lumières de la certitude

La certitude fait peur. Et l'on n'a pas tort d'avoir peur. À qui n'est-il arrivé de se tromper sans même s'en apercevoir par excès de certitude ? À qui n'est-il arrivé d'être effrayé par telle ou telle affirmation énoncée avec aplomb ?

La certitude est inquiétante, car incontrôlable. Et pour cause. Étant, par définition, la vérité vécue du point de vue du sujet, il semble difficile d'être objectif, quand on est certain. On est alors juge et partie. Ce qui empêche de juger est justement ce que l'on utilise pour juger. D'où l'illusion de tous les esprits frappés de certitude. Moins ils sont dans le vrai, plus ils s'imaginent y être, l'intime conviction leur servant de critère pour évaluer leur intime conviction.

La position de l'esprit assuré est, par essence, dramatique, car, étant celle de l'intime conviction, elle est nécessairement sincère. Celui-ci ne ment pas quand il se dit être dans le vrai. À ses yeux, il l'est, puisqu'il énonce ce qu'il sent intimement. Il n'oublie qu'une chose. Se sentir vrai ne signifie pas forcément être dans le vrai. Il manque en effet à la vérité subjective, pour qu'elle devienne universelle, l'épreuve de la vérification. Aussi les esprits scientifiques auront-ils toujours raison de critiquer la certitude en y voyant une façon de se dérober à l'égard de la vérité. Ne passons pas toutefois d'un extrême à un autre. On ne peut faire l'économie de la certitude, la vérité devant, à un moment, être vécue de l'intérieur pour se poser comme vérité.

On peut être assuré de ce que l'on dit, quand

on l'a réfléchi de l'intérieur, en le vivant sur le mode d'une lumière intérieure. En ce sens, la certitude sert à vérifier une pensée et non à s'aveugler. En vérifiant davantage nos pensées, nous serions plus critiques, nous aurions plus de recul, et moins de préjugés. Par là, moins de violence. Les intériorités seraient libres de s'exprimer, de se comprendre.

La certitude est libératrice. Ceux qui manquent d'assurance cherchent toujours à se rassurer en persuadant les autres. Cela débouche souvent sur le fanatisme, la destruction du monde extérieur étant le moyen illusoire de créer une intériorité. En étant plus certain qu'on ne l'est, il ne serait plus nécessaire d'aller chercher dans l'autopersuasion une vérité intérieure absente. On se délivrerait de la violence.

Le violent n'est pas un fort, mais un faible qui cherche à se rassurer par des démonstrations de force. S'il trouvait la certitude qui lui manque, il n'aurait nul besoin de recourir à la violence.

L'hébreu l'a bien compris, le mot foi désignant à la fois la certitude intérieure et le oui adressé à la transcendance. Comme le fameux Amen, si mal traduit par « Ainsi soit-il ». Belle façon de signifier le mouvement d'aller-retour caractérisant l'esprit et son ouverture sur l'infini.

Revenons à ce que l'on nomme l'expérience spirituelle. Tout un chacun reçoit un jour ou l'autre un appel de la vie sous forme d'un élan de désir pour celle-ci. Quand on y répond en le vivant jusqu'au bout, on fait une expérience spirituelle. En répondant oui, on passe de la vie passive à la vie active, la fameuse *vita activa* des penseurs médiévaux. L'objectif consiste à se sentir vivant.

Il devient alors possible d'aller au-delà de soi. Se surpasser ainsi ne signifie pas s'abolir, mais rayonner. On pourrait se contenter de vivre pour soi, mais on passe outre et l'on se met à vivre par-delà soi. Le monde, qui était un texte clos, devient un texte ouvert. La notion de création prend sens. Le mot Amen se révèle. Tout peut devenir vivant, quand tout est vécu de l'intérieur. Amen est activation, non résignation. Il est la foi en acte. Le oui au vivant. Ce qui est l'audace même.

Vivons un tel oui, l'ultime visage de la certitude se dévoile. Car la vie n'est pas ingrate. Elle rend ce qu'on lui donne en l'augmentant. Ainsi, quand l'homme vivant conforte la vie en lui disant oui, celle-ci le conforte en le comblant. Il est alors confirmé. Sa certitude devient jubilation.

La soif de certitude n'est pas folie, mais nécessité. Chacun a besoin de se sentir confirmé dans ce qu'il est. Mis à l'essai.

Quand tel n'est pas le cas, la vie devient une épreuve. L'intériorité qui n'a pas trouvé la certitude qu'elle cherchait se réfugie dans les fausses certitudes. Au lieu d'être confirmée par la vie, elle devient infirme.

De la lettre à l'esprit

Aucun savoir n'est possible à qui doute de ce qu'il est comme de la pensée qui l'habite. Aucun savoir n'est possible à qui doute de l'autre, quand il nous transmet un savoir et auquel il nous arrive d'en transmettre un.

Il n'est toutefois pas simple d'avoir foi en l'autre en matière de transmission. Les faux maîtres, qui croient pouvoir enseigner alors qu'ils n'y sont pas prêts, existent. Les faux disciples, qui croient pouvoir recevoir alors qu'ils n'y sont pas prêts non plus, existent également. De ce fait, la transmission est pleine de malentendus, mettant en présence des esprits qui croient pouvoir se rencontrer, mais qui ne le peuvent pas.

De plus, il faut tenir compte du langage. Il n'est pas un simple moyen de communication, mais aussi un obstacle. On croit communiquer parce que l'on veut dire quelque chose. C'est ignorer que toute parole est déformée ou transformée. On n'est jamais compris comme on voudrait l'être. Cela tient au contexte dans lequel on s'exprime et, derrière lui, à l'humanité de la parole.

Qu'on le veuille ou non, tout ce que l'on dit est chargé d'affects. Les nôtres d'abord. Si nous ne les percevons pas, d'autres le font pour nous. Nous avons des élans, des répulsions. Ils parlent quand nous parlons. L'auditoire les entend. Ils rendent notre parole crédible ou non.

Tout ce que nous disons est également chargé de l'atmosphère du groupe auquel nous appartenons, comme de la situation historique dans laquelle nous sommes insérés. Parler avec son désir, c'est aussi parler avec sa personnalité sociale. Celle-ci reflète notre relation à l'humanité concrète. Avec sa conscience ou, au contraire, son inconscience.

On parle toujours sur fond de désir comme sur fond d'un engagement dans l'humanité. C'est encore plus vrai d'un texte, lequel porte la marque d'un auteur absent ainsi que d'une histoire masquée. On a tendance à l'oublier. Le texte, lui-même, a tendance à nous le faire oublier, en se donnant à lire universellement. Aussi faut-il défaire un texte pour y entrer, en faisant réapparaître celui qui adresse la parole comme celui qui la reçoit. Car il y a toute une vie cachée à l'intérieur d'un texte. Une vie pleine de désirs et de luttes. Avec ce travail, la lecture devient pertinente et la transmission s'opère. Resitué dans une vie incarnée, le texte se met à parler. Redevenant une parole adressée de vie à vie, il acquiert une crédibilité. Il se transmet alors, pour ainsi dire, naturellement. Le peu de foi que nous avons en la parole vivante est donc le plus grand obstacle qui soit à la lecture d'un texte. Il nous faut oublier qu'une parole se mange.

Faisons, à partir de là, l'expérience de ne pas croire à la lettre. Par ce geste irrévérencieux, nous allons nécessairement réveiller la vie de la parole comme du texte. Au lieu de n'être prononcés par personne et de ne s'adresser à personne, ceux-ci deviendront des paroles de vivants adressées à des vivants. Et se mettant à vivre de la sorte, en faisant parler les vies, ils ouvrent les textes et feront s'exprimer les paroles.

En allant contre la croyance aveugle, on ne va donc pas contre la foi. Au contraire, on la réveille. Car il existe deux sortes de foi. Une foi apparente consistant à croire à la lettre. Ce qui est aisé. Il suffit de renoncer à vivre et à lutter, en ne bronchant pas. Et une foi essentielle : celle des vivants qui désirent et qui luttent. Moins elle croit à la lettre, plus elle fait vivre le Verbe. C'est elle qui est l'autorité, elle qui a la vertu de transmettre.

On ne l'a pas toujours compris. On ne le comprend pas toujours. D'où les difficultés rencontrées avec la transmission. Surtout quand celle-ci touche à des questions religieuses. La capture de la vie par la soumission débouche sur la violence. Les erreurs concernant le Christ comme source de la foi, de la parole et de l'autorité en sont la preuve.

La tradition chrétienne enseigne que Dieu s'est incarné en la personne de son fils et que, devenant le Verbe incarné, il a été crucifié. Beaucoup de chrétiens ne comprennent pas ce que cela signifie. En témoigne la façon dont ils lisent les textes. Dévorés par le conformisme, ils veulent que Dieu soit cru à la lettre. Aussi cessent-ils de déchiffrer l'écriture divine. Une telle attitude a fait des ravages. Elle continue. Car elle finit par tuer la parole, Dieu, ainsi que l'humanité.

Elle tue la parole, car une parole qui n'est plus celle d'un vivant adressée à des vivants est une parole morte. Elle tue Dieu, car ne pas vivre les sources de sa parole comme divines réduisent à rien sa parole et sa vie. Enfin elle tue l'humanité, car ne pas lui parler afin qu'elle vive, c'est, en se moquant de son avenir, se moquer de sa présence même.

La parole vivante et le sens même de Dieu comme Dieu vivant s'incarnant sont une seule et même chose. Tout au long de son enseignement, le Christ n'a cessé de le rappeler. En secouant non pas les pharisiens extérieurs, mais le pharisien intérieur qui se trouve en l'âme de chacun et ne demande qu'à croire à la lettre.

Tous les hommes sont appelés à devenir des vivants. C'est ce que signifie l'incarnation. Ce que signifient également la parole vivante ainsi que la transmission. Au cours de son histoire le christianisme a dramatiquement perdu cet enseignement. Cela a perverti la foi en la transformant en une soumission à un Dieu autoritaire, alors qu'elle est une délivrance par un Dieu vivant faisant vivre. Cela a transformé l'autorité en violence, alors que celle-ci consiste à « faire autorité » par la lumière que diffuse une parole vivante. Cela a figé la transmission en perpétuation d'attitudes serviles.

Le monde contemporain est secoué par le fondamentalisme. Il le trouve obscur et il a raison. Ce problème n'est pas nouveau, il est une sanglante métaphore de la tragédie que subit l'humanité depuis des générations. Le Moyen Âge a connu l'Inquisition, les Lumières la Terreur, la modernité Auschwitz et le Goulag. Toutes ces horreurs disent la volonté de créer un ordre que l'on suit à la lettre, ainsi que la mise à mort de la parole vivante.

Est-ce une raison pour s'affranchir de la foi ? Au contraire. Elle est une nécessité, car la seule arme qui permettra de lutter contre ce qui tient l'humanité en esclavage. Ne l'oublions pas, la liberté jaillit quand on réveille la liberté qui sommeille en chacun. De ce réveil, seule la parole vivante est capable, en parlant au cœur de chacun. D'où l'importance, pour l'humanité, des « enseigneurs ». Ce sont eux qui réveillent sa foi en elle-même.

La foi plutôt que la croyance

Il existe deux termes pour exprimer la foi. Celui de foi. Celui de croyance. Ils s'entrecroisent sans cesse. Ce qui prête à confusion. Car s'il y a un lien entre eux, il y a aussi une différence de taille.

La foi est un substantif. Croyance un verbe substantivé. Cela affirme déjà une distinction. La foi a quelque chose de tranchant, de net, de défini. La croyance quelque chose de fluide, de doux, de vague. Cette différence vient de ce que la croyance est une activité. On est croyant ? Cela signifie que l'on vit le fait de croire. Et en vivant ainsi, on s'attache à tout un réseau de représentations et d'images, d'habitudes et de gestes. Ce que l'on ne trouve pas dans la foi. En elle, pas d'image, pas de représentations. Mais plutôt un lien fondamental à des affirmations posées comme fondamentales. Une fidélité aussi, en l'invisible. Au-delà de toute image.

La foi donne l'impression d'une rupture entre Dieu et l'homme. Avec elle, l'homme se soumet à Dieu. La croyance, au contraire, évoque une unité entre Dieu et l'homme. Avec elle, Dieu se lie à l'homme. Il s'humanise. Aussi n'est-ce pas un hasard si la foi est plus théologique et la croyance plus anthropologique. En témoigne le fait de parler de confesser une foi, alors que la croyance renvoie davantage aux systèmes de représentation que se donnent les hommes à travers les différentes cultures. Ce qui peut consister en un éventail assez large, pouvant aller des représentations proprement religieuses aux représentations mythiques, en passant par les contes et légendes.

Il est normal de se reconnaître davantage dans la croyance, puisque celle-ci est plus humaine. Néanmoins, il existe bien des ambiguïtés dans ce terme. Tenant au fait de la représentation. Quand on croit sur le mode de la représentation, il arrive que l'on crée un système de croyance à la fois figé et instable. Supposons ainsi quelque chose et mettons-nous à y croire, cela peut se muer en certitude. Continuons à y croire, et cela se transforme à nouveau en supposition.

Souvent les croyances sont flottantes, et les croyants flottants. Ils doutent. Puis ils croient. Puis ils doutent à nouveau. Aussi peut-on s'interroger. Croient-ils vraiment ? Ne s'intéressent-ils pas trop à eux-mêmes et pas assez à l'objet de leur croyance ? Quand il s'agit de Dieu, leur humeur par rapport à la vie ne prend-elle pas davantage d'importance que Dieu ? Et finalement, cette humanisation de Dieu ne tuerait-elle pas Dieu ?

Il y a dans la foi une rigueur que l'on ne retrouve pas dans la croyance. La preuve, dans le christianisme, le Christ est venu annoncer la foi et non la croyance ; en situant l'humanité face à une responsabilité fondamentale, celle de croire ou non. N'est-ce pas là une façon royale de traiter les hommes ? De réveiller en eux ce qu'ils ont de royal ? Un verset de la Bible rappelle que l'homme a le droit de commettre tous les péchés, sauf un : croire qu'il n'est pas d'essence royale. Profonde sagesse. Car c'est bien cette dignité royale qui nous rend humains. Quand on se sait roi, ne se comporte-t-on pas comme tel ? Et quand on l'a oublié, n'est-ce pas souvent le début de toutes sortes d'actes indignes ?

La foi ne tue jamais Dieu. En raison de son exigence. Traiter Dieu par oui ou par non, c'est être décisif et voir grandement les choses. C'est traiter divinement des choses divines.

Nietzsche a saisi ce trait. Quand, dans sa

Naissance de la tragédie, il a distingué deux types de rapport à l'existence à travers Apollon et Dionysos, il a séparé ce qui relève de la représentation de ce qui n'en relève pas. Il a distingué ce qui humanise l'existence de ce qui lui restitue, au contraire, sa vive étrangeté.

Nietzsche n'était pas croyant. Mais il a longuement réfléchi à la mort de Dieu, en concluant que son humanisation en était la cause, l'humain de Dieu dans le monde occidental ayant, selon lui, étouffé le divin de Dieu. Il y a une profonde vérité dans ces analyses et la dualité qui traverse constamment la question de la foi en est le signe. Dès qu'il nous arrive d'y penser, il nous faut ferrailler contre les mots et avec eux, afin d'expliquer qu'elle n'est pas ce que l'on croit. Son rapport à la vie a été refoulé par quelque chose de servile et de morbide. Il faudra un jour que nous nous apercevions que notre rapport à la foi est malade, parce que la croyance a envahi ce rapport. Ou pour le dire autrement, parce que l'humain a tué ce qu'il y a de royal en l'homme.

La patience des éveilleurs

On peut croire pour se rassurer. Pour se conforter. On est alors dans la croyance, dans l'image. Dans une certaine vision du monde prise pour la vie. On peut également croire afin de vivre. On est alors dans l'engagement. Dans la décision. Dans le oui adressé à l'existence et à ce qu'elle peut avoir de plus fondamental. Étrangement, on retrouve cette distinction au sein de la raison.

La raison est en effet une, comme croire est un. Toutefois, il existe deux rapports possibles à celle-ci. Le premier est technique, utilitaire. En soi, cela n'a rien de condamnable. Il faut faire des choses utiles. C'est là l'essence pratique de notre condition. Nous devons survivre. Et à cet effet, ainsi que l'a dit Heidegger, arraisonner le monde. Cela signifie l'aborder comme on arraisonne un navire. En étant audacieux, en sachant tirer parti d'une situation. Cela veut dire aussi mettre le monde à la raison. Le rendre rationnel et donc plus sage qu'il n'est. Ce geste consiste à s'immiscer dans la nature afin de comprendre les causes qui la font agir, pour mieux la prévoir.

La raison technique a toutefois un envers. N'ayons que des rapports techniques et utilitaires au monde, nous découvrons qu'il manque quelque chose. L'essence de l'homme n'est pas complètement dévoilée. Car la vision technique réduit égoïstement tout à son profit. Elle déshumanise. D'où la nécessité d'entendre cette question : « Qu'est-ce qui est utile ? »

L'utile réside dans ce qui est plus qu'utile. On nomme cela le fondamental. Le monde aussi. Tous deux auraient pu ne pas être. Or, ils sont. Ce qui émerveille. La raison fondamentale et non la raison technique, autrement dit, la raison métaphysique et non la raison calculante nous le fait découvrir. Ce faisant, elle éveille notre humanité, tout en empêchant l'inhumain en nous de nous asservir.

Il y a lutte entre la raison métaphysique et la raison calculante. La seconde tentant constamment d'étouffer la première, comme en témoigne la difficulté de la philosophie à faire entendre sa voix. Quand elle s'efforce de faire penser, on lui impose le silence en arguant des urgences du quotidien et, par là même, de l'efficacité de la technique pour régler les problèmes qui se posent à l'humanité.

Et pourtant, puisqu'il s'agit d'urgence, qu'est-ce qui est utile ? Quand nous sommes-nous mis à vivre ? N'est-ce pas le jour où nous avons ouvert les yeux devant l'existence en prenant conscience seul, grâce à quelqu'un ou à un événement, que l'existence a quelque chose de vertigineux ? N'est-ce pas ce jour-là que nous sommes vraiment nés ? Et n'est-ce pas à partir de ce jour que nous avons pu entreprendre vraiment de construire une vie, une vie réelle, avec des hommes réels, dans un monde réel, la conscience de l'existence ouvrant une relation au réel ?

Quand on donne la parole à ce qu'il y a de fondamental dans l'existence de chaque homme comme de toute vie, cela fait des merveilles. Éveillée à elle-même, l'humanité non seulement se délivre de l'esclavage, mais se met à rayonner. On donne pourtant rarement la parole à ce qui est profond. Aussi faut-il avoir de la patience et demeurer un veilleur afin d'être un éveilleur le jour venu.

Les philosophes authentiques savent être ces veilleurs-là. Ils savent être patients. Aussi n'est-il pas exagéré de dire qu'il existe une foi philosophique, ainsi que l'a souligné Jaspers. Cette foi pense que l'on ne peut étouffer indéfiniment la voix qui appelle dans les profondeurs de l'humanité. Un jour, cette voix doit s'exprimer. Sans elle, en effet, l'humanité devient folle. Réduite à une existence médiocre et absurde, elle ne se reconnaît plus. La raison, en ce sens, ne peut être simplement technique. Car n'être qu'une raison technique, c'est vivre dans l'échec et le malheur en estimant que l'humanité ne sera jamais bonne qu'à régler des problèmes. La raison ne peut être qu'essentielle, en rendant à l'existence sa dignité, en la montrant bonne à autre chose qu'à régler des problèmes. Cela s'appelle sauver.

La tenue de la pensée

Hegel a écrit que la force d'une pensée ne réside pas dans le fait d'avoir une idée, mais de la tenir. C'est là une pensée profonde.

Il est beau de tenir une pensée. Cela signifie que l'on y tient. C'est un signe d'amour. Aimer, n'est-ce pas tenir à quelqu'un ? Et tenir à quelqu'un, n'est-ce pas accepter d'être tenu par lui ou par elle ? Accepter de perdre une partie de sa liberté en ayant ses pensées occupées par lui ou par elle ? Les âmes légères ne veulent rien sacrifier. Aussi ne tiennent-elles à personne, afin de conserver une illusoire liberté. Les âmes profondes, au contraire, se lient. Elles acceptent de se perdre. Et, se perdant ainsi, elles trouvent l'amour.

Dans tenir, il y a aussi tenue, c'est-à-dire retenue. On pourrait avoir plusieurs pensées, on se retient. On ne se disperse pas. Au contraire, on rentre en soi, en enfouissant cette pensée en soi. En la tenant presque silencieuse. Les grands sentiments sont muets. Les grandes pensées aussi. Elles travaillent de l'intérieur. Le vrai penseur les laisse travailler et la qualité de sa pensée se mesure au fait qu'il sait taire ses pensées, comme on baisse la voix devant ce qui est beau.

Il y a enfin dans tenir le fait de retenir, au sens de tenir à nouveau, et ainsi de rendre à nouveau présent tout en mémorisant. C'est l'essentiel du processus de la réflexion. Celle-ci réfléchit quand elle présente à nouveau ce qui s'est présenté une fois. Cette façon de revenir sans cesse sur ce que l'on pense nous ramène à l'amour. Il faut aimer pour penser. Pratiquer un éternel retour. On n'est pas loin de la foi. Car aimer ainsi, n'est-ce pas s'engager encore et toujours comme le fait la vraie foi ?

Toute grande pensée donne de la tenue à celui qui la pense. Elle en donne aussi à ce que l'on pense. Au point que c'est une telle tenue qui fait surgir de la pensée, là où on aurait pu penser qu'il n'y en a pas. Tout le monde peut l'expérimenter. Efforçons-nous de prendre une idée et de la faire circuler dans la réalité en tâchant de ramener la réalité à celle-ci. Loin de réduire le réel, cette opération va faire surgir toutes sortes de rapports nouveaux. En termes philosophiques, cela s'appelle de la dialectique : l'art du dialogue du même avec l'autre. C'est ce dialogue qui fait l'art de philosopher. C'est lui qui sauve nos vies de l'obscurité.

La vie est cruelle. L'histoire aussi. Il est donc normal que l'on désespère de leur sens. Car, quel lien donner à tout ce que l'on vit ? Quel fil d'or pour rassembler cela ? Ce fil existe pourtant. Dans la vie même. Si c'est elle qui disperse tout ce que l'on vit, c'est aussi elle qui le rassemble. On peut en dire autant de l'histoire.

La vie veut accoucher d'elle-même. Par soif d'une vie plus grande. Aussi se met-elle à l'épreuve. Pour s'éprouver comme vie. Nous le sentons. C'est pour cela que nous souffrons. Mais, parce que nous le sentons ainsi, nous éprouvons que ce combat n'est pas vain. Nous savons de l'intérieur que l'épreuve de la vie en vaut la peine. D'où cette formidable ténacité de l'humanité à travers la souffrance de la vie et de l'histoire.

Cette ténacité incarne la pensée en acte. Une pensée d'un genre spécial. Une pensée venue du corps. Une pensée issue de la profonde sensibilité. Nous touchons là à la pensée véritable. Cette ténacité est la raison d'être en acte. C'est elle qui donne sens à nos vies. C'est elle qui donne la force de vivre et de donner du sens.

La vie vécue avec foi et ténacité prend peu à peu sens. Elle se transmute en pensée. Aristote l'a bien compris. En indiquant qu'il convient d'agir afin de comprendre ce que penser veut dire, il a posé le problème de la foi. Tout le monde, en effet, pense. Mais tout le monde ne sait pas qu'il en est capable. En vivant et en agissant, la pensée inconsciente devient consciente. Elle dégage l'essentiel.

Ce qui est vrai pour la vie est vrai à plus grande échelle. L'homme a une vie quand il a une histoire, rappelle Hegel. Car il a une vie quand celle-ci devient mémorable, en accédant au plan du récit, et, par là même, de l'esprit. Encore faut-il, pour accéder à cette histoire, en accoucher. Cela demande un saut dans la vie, afin de vivre celle-ci de tout son être. Certains le font. L'histoire se révèle alors à elle-même en révélant aux hommes leur vocation. Beaucoup ne font pas ce saut. Ils subissent alors les souffrances que subit l'humanité. Souffrances de l'enfantement. Mais on peut passer de la douleur à la révélation. Pour peu que l'on ait la foi dans la pensée vivante et qu'on la vive. Cela s'appelle avoir une histoire.

Les philosophes critiquent la foi. Mais, en définitive, ne passent-ils pas leur temps à la retrouver et à la justifier ? Tout se passe comme s'ils s'ingéniaient à la perdre, afin de mieux pouvoir la retrouver. Sans doute parce qu'ils ont l'intuition qu'une vraie foi ne peut être qu'une belle foi et se refusent à avoir une foi qui ne fait pas sens. En quoi il sera beaucoup pardonné aux philosophes. Comment envisager la foi autrement ?

Il faudra un jour comprendre que la foi n'a jamais éprouvé la philosophie que pour une philosophie à venir. Tout comme la philosophie n'a jamais éprouvé la foi que pour une foi à venir. Et cela pour maintenir sans doute le bien le plus précieux : la joie de devenir.

Rencontre avec une vie remarquable

Les illusions de l'espoir

Le savoir a besoin de foi. La morale et l'action également. Cela n'est pas évident. André Comte-Sponville note qu'un certain désespoir est nécessaire. Ainsi s'agissant de l'action, qui dit foi dit espoir et qui dit espoir dit attente et, par là même, passivité. Ce qui est ruineux pour l'action, et provoque également bien des souffrances.

Dans le *Désert des Tartares*, Dino Buzzati décrit les dangers de l'attente. Des soldats rêvent de devenir des héros. Mais, au lieu d'aller attaquer l'ennemi, ils s'enferment dans leur fortin, en attendant celui-ci. Une attente si longue qu'ils tombent malades les uns après les autres.

De sorte qu'ils sont vaincus sans même avoir combattu.

L'image est belle. La vie commence quand on n'attend plus rien et non quand on attend quelque chose. Car attendre quelque chose, c'est être en situation de dépendance, voire d'esclavage. L'homme libre n'attend rien et, n'attendant rien, n'est ni à l'extérieur ni à côté de la vie. Il est dedans, parce qu'il est en lui-même et non hors de lui-même, comme tous ceux qui attendent.

Qui espère craint. Et qui craint espère, souligne Spinoza. L'attente alimente le cercle dans lequel elle s'enfonce. Aussi le propre du sage est-il de ne rien espérer, et de ne rien craindre. D'où sa sagesse. N'ayant pas d'espoir, il n'a pas de peur.

La peur est profondément inscrite dans les comportements. C'est elle qui tend à agir derrière l'espoir. C'est elle qui active la crainte, cette peur légitimée par l'espoir. D'où la pertinence du désespoir. Plus d'espoir, plus d'attente. Plus d'attente, plus de crainte ni de peur. La vie commence. On n'était pas dans le présent. On vivait pour l'avenir. Le désespoir nous ramène au présent. Mettons-nous, en ce sens, à vivre dans le présent, en désespérant de l'avenir, on devient tout bonnement vivant. La vie adéquate à elle-même devient active. Rayonnante. Elle donne envie de vivre. Elle laisse monter l'espérance. Il y a une vie possible au-delà de la peur. On ne perd donc pas tout quand on perd tout espoir.

Si l'espoir est l'attente d'un bien absent, l'espérance est réalisation, en montrant une vie par-delà ce qui emprisonne la vie, dans l'espoir et dans la crainte. Une vie est possible malgré la peur, sans qu'il soit nécessaire d'attendre quoi que ce soit. Cela laisse place à un immense soulagement. Des stoïciens à Pascal, toute la sagesse n'a pas dit autre chose.

L'espoir nous place dans un temps qui n'est pas le nôtre. Il nous met hors de nous. Le désespoir nous ramène au présent. On pourra s'étonner qu'un chrétien comme Pascal ait pu pratiquer le désespoir. Ce dernier n'est-il pas incompatible avec la foi ? Curieusement, non. Quand on a la foi, pourquoi attendre quoi que ce soit et vivre dans l'espoir ? N'est-on pas déjà comblé en étant fondamentalement lié à l'existence, comme on l'est ? Les penseurs médiévaux ont fait une vertu de l'espérance et non de l'espoir. Ne l'oublions pas.

La foi désespère de tout ce qui n'est pas la foi. Elle désespère en particulier de cette illusion de foi qu'est l'espoir, tant elle a conscience que celui-ci masque une projection de soi et, plus encore, une idolâtrie. Elle sait que Dieu, quand il apparaît, n'est pas celui que l'on attend, mais celui que l'on n'attendait pas, tant il est surprenant, imprévisible, contre toute attente.

Il ne faut pas détruire la part d'inouï qu'il y a en Dieu. Ou bien celui-ci cesse d'être Dieu, et n'est plus qu'un être banal. Une chose parmi les choses. Ne plus rien attendre des choses ouvre sur l'inouï de Dieu. Cela éclaire la mystique.

Les mystiques rompent avec tout. Ils n'attendent rien du monde. Cela les conduit souvent à traverser une sorte de nuit, dans laquelle certains se perdent en souffrant voire en se faisant souffrir. Cette nuit est plus lumineuse qu'elle ne le semble. Quand il n'y a plus rien, la place est libre pour autre chose. Le vide est prêt à accueillir le plein. Il n'est donc pas réellement vide : là où il n'y a rien, il y a encore quelque chose.

La joie singulière qui illumine le visage de ceux qui ont entrepris de se vider du monde et de ses illusions, plutôt que de se remplir de son spectacle, en est un témoignage parfois saisissant. Ils ont osé désespérer. Ils ont donc aussi désespéré du désespoir et trouvé, de l'intérieur de celui-ci, la vie qui va plus loin que lui.

Les impasses du désespoir

Si un certain désespoir s'avère nécessaire, tout désespoir ne l'est pas. Il y a en particulier un désespoir impossible, celui qui fait désespérer de la vie même. Car s'il convient de désespérer de notre propension à attendre un miracle, il faut néanmoins être cohérent. N'est-ce pas pour vivre que l'on désespère ainsi ? N'est-ce pas alors conférer une valeur au fait même de vivre ?

Comme le souligne Dostoïevski, si vraiment on n'a foi en rien, cela ne veut-il pas dire que rien n'a de valeur ? Ni notre vie ? Ni même, dans celle-ci, le fait de désespérer ? Ne se moque-t-on pas dès lors de soi-même en n'ayant foi en rien ?

Soyons donc logiques. Si rien n'a de valeur, tout ne revient-il pas au même ? Ne devient-il pas équivalent de tuer et de ne pas tuer ? Pourquoi défendre la vie, si rien n'a de sens ? Pourquoi défendre notre vie ?

On ne peut vouloir se détacher de tout et demeurer attaché à la vie. Il faut choisir. Se moquer de tout en étant prêt à assumer crime et suicide. Ou bien avouer ses limites.

On se moque rarement de tout. Pourquoi ? Qu'est-ce qui nous retient ? Qu'est-ce qui nous pousse à vouloir donner malgré tout une valeur à notre existence, comme à l'existence d'autrui ? Pourquoi la vie et non le crime ou le suicide ? Pourquoi quelque chose et non rien ?

Il y a l'être. Il y a le néant, nous disent les philosophes. Mais il y a plus. Il y a le fait que l'être est aimable, non le néant. Comment se fait-il qu'il le soit ?

Nous touchons là à l'énigme suprême. L'être qui est au fondement de toutes choses n'est pas aussi impersonnel qu'on le pense. En cela, il est transcendant, c'est-à-dire au-delà de tout ce que l'on peut imaginer.

Sartre a critiqué Dostoïevski, lorsque celui-ci fait dire à l'un de ses héros dans *Les Frères Karamazov :* « Si Dieu n'existe pas, tout est permis. » L'interprète a lu cette phrase comme une mise en garde invitant à faire dépendre la morale de Dieu, afin qu'elle ne s'écroule pas.

Si c'est le cas, si la condition de la morale réside dans la dépendance vis-à-vis de Dieu, Sartre a raison d'être radicalement athée. Car ce n'est pas dans la dépendance que l'on apprend la responsabilité. Il vaut donc mieux être athée et responsable que théiste et dépendant.

On peut toutefois comprendre autrement la phrase de Dostoïevski. Considérons Dieu comme celui qui rend la vie aimable parce qu'il aime tout ce que contient la vie, de la terre à l'homme ; l'absence de cet amour divin ne rend-il pas la valeur de l'existence purement contingente ? Ne devient-il pas équivalent de vivre comme de ne pas vivre, d'être moral comme de ne pas l'être, si l'existence n'est pas aimable, parce que personne ne l'aime dans l'infini ?

Aux yeux d'une morale conservatrice, si l'homme est indépendant, rien ne va plus. Tout s'écroule, l'être humain ne pouvant que mal agir, quand il est libre, tant il est mauvais à l'intérieur de lui-même. On comprend que Sartre ait rejeté une telle morale. La démarche de Dostoïevski est cependant radicalement autre. À ses yeux, si la vie est aimée et si l'homme le comprend, il n'a plus besoin de surveillance. Quand on a compris que l'on est aimé, on cesse de mal agir pour affirmer son indépendance, puisqu'on est libre.

Sartre ne l'a pas compris. Toute dépendance est mauvaise, sauf une seule. Celle qui nous fait dépendre de l'amour. Car ce n'est pas une dépendance. C'est une liberté, l'amour libérant la valeur de toutes choses, de tout être, de tout acte.

L'amour oblige donc à renverser certaines idées. Quelques dépendances n'en sont pas. Certaines indépendances n'en sont pas non plus.

Soyons indépendants de l'amour, l'existence devient un enfer. Une contradiction permanente. Vivre revient à faire vivre une vie condamnée au départ, celle-ci n'étant pas ontologiquement aimée.

Acceptons, en revanche, de dépendre d'un amour fondamental, la vie est transfigurée. Le fait même de se sentir aimé délivre du besoin de devenir indépendant de tout, y compris de l'amour, pour se sentir exister. Ce qui conduit inévitablement au mal.

Dès lors, il faut en tirer les conséquences. Le désespoir est une impasse, car il demeure prisonnier d'une image moralisante de l'existence. Pourquoi désespère-t-on, comme on le fait, en vivant sans donner aucun sens à l'existence ? Uniquement pour échapper à une morale autoritaire n'envisageant l'homme que dans la dépendance à l'égard de la morale, a-t-on envie de dire. Est-ce donc être libre que de définir la liberté contre la dépendance ? N'est-ce pas une liberté négative donnant trop d'importance à la dépendance ? Et nier Dieu afin de rendre l'homme plus responsable en le plaçant au centre, n'est-ce pas une façon sans panache de quitter Dieu ? N'est-ce pas trop dire en assurant que l'athéisme rend plus moral ?

Au cours du XIXe siècle, Nietzsche a constaté que l'Occident était en proie à une crise grave. Car, a-t-il souligné, son rapport à la vie est malade. Qui prend encore la vie assez au sérieux pour vivre la morale et non en parler ? Qui est encore capable d'avoir des valeurs ? Presque personne. On parle de morale. Surtout de celle des autres. On édicte des règles. On ne vit plus la morale. Et cela, parce que l'on ne vit plus. Le désespoir des modernes n'est-il pas le reflet de cette situation ? L'ultime moyen pour tout un monde de ne pas vivre une valeur ? En théorisant le désespoir, c'est l'impression que l'on donne. Plus moral que vraiment désespéré, ce désespoir est une façon de ne pas vivre une valeur créatrice, comme la morale d'ajourner un engagement véritable.

C'est en cela que Dostoïevski est profond. En critiquant le désespoir comme il l'a fait, il n'a pas placé sa critique sur un plan moral. Il est allé au-delà, vers ce qui nous tient en vie. Il s'agit là d'une attitude courageuse. Oser penser ainsi, en termes de vie et non de morale, implique de prendre le risque du désespoir et d'oser dire en substance : « Si cela fait vivre, nous sommes prêts à courir le risque du désespoir. »

Il faut courir le risque de la vie. À cette condition se dévoilent les valeurs authentiques. Le désespoir n'en prend aucun en n'allant pas au bout de lui-même, ni de ses propres présupposés.

Aller au bout de soi-même requiert autre chose qu'un mouvement contre une morale extérieure. Cela implique d'aller au fond de soi et d'ouvrir les yeux.

Quelque chose de vivant nous tient en vie. Quelque chose est si vivant en nous que nous sommes davantage attachés à vivre qu'à vouloir quitter la vie. Qui nous aime ainsi ? Qui a foi en nous ?

La foi va plus loin que le désespoir. Pour des raisons de liberté et non pour des raisons de morale. Notre vie en est la preuve, notre liberté un signe. Nous vivons parce que la vie est aimée. Nous devenons libres, parce que la liberté a du prix. Pas simplement à nos yeux. C'est cela qui permet de vivre, qui permet d'être libre.

La force immémoriale

La morale obscurcit la foi. Et ce n'est pas en faisant honte au désespoir que l'on en démontre les vertus. C'est, au contraire, en suspendant la honte. Ce geste fait des merveilles.

D'abord, il brise une logique infernale. Le désespoir est souvent réactif, on l'a vu. On est désespéré contre. Surtout contre l'espoir. Celui-ci est souvent si niais ! Faisons honte au désespoir. Utilisons pour moraliser le ton de la fureur après avoir chanté l'espoir sur le ton de la douceur, on confortera les désespérés dans l'idée qu'ils ont de l'espoir et de la foi. Selon eux, la morale est une hypocrisie. Ils en ont la démonstration. Quand on est doux et plein d'espoir, on l'est jusqu'au bout. On ne se met pas en colère. Ou alors, on donne raison au désespoir pour qui tout le monde est désespéré, sans oser le montrer.

Mais il y a plus. La suspension de la honte n'est pas seulement une réaction intelligente. Celui qui provoque est souvent un humilié. On lui a fait honte. Il répond en faisant honte à son tour. Il humilie ce qui l'a humilié. Ne pas faire honte transcende cette impasse, en rendant à celui qui provoque la dignité qui lui a toujours manqué. Mais surtout, en faisant jaillir à travers ce geste une surprenante dimension.

Il est en effet étonnant que quelqu'un puisse considérer celui qui joue à ne plus être un homme, comme l'étant encore. N'est-ce pas le signe que l'homme va bien plus loin que ce que l'on peut imaginer ? À la fois chez celui qui n'humilie pas et chez celui qui provoque ?

Souvent, les anciens désespérés disent avoir été sortis de leur désespoir par un regard. Un jour, ils ont été vus, et ce regard les a guéris. Ce regard jeté sur eux est celui d'un homme sur un autre homme. Mais il est davantage. C'est un regard venu de l'au-delà du conscient. Du surconscient.

L'homme est le seul être à pouvoir se faire face à lui-même afin de considérer sa vie tout entière. Embrasser sa vie est une position métaphysique. C'est avoir conscience de sa mort. Quand on voit l'homme, c'est un tel regard qui le voit. Seul ce regard comprend l'étrange de la condition humaine, à cheval entre une condition infiniment spirituelle et infiniment mortelle.

Un vrai regard ressent l'homme dans sa limite et dans son ouverture. Pour parvenir à un tel regard, il n'y a rien à faire. Il n'y a qu'à laisser faire, en se contentant d'être ce que l'on est. Cette limite et cette ouverture. Ce qui n'est pas rien.

Nous ne savons pas qui nous sommes réellement. Nous savons seulement que nous sommes trop mortels pour être de purs esprits et trop spirituels pour être de simples mortels. La grandeur consiste à vivre malgré cette ignorance. La foi est souvent définie comme le geste consistant à adhérer sans savoir. On l'appelle alors foi du charbonnier.

Une telle foi est à l'œuvre ici. Quand on vit sans savoir qui l'on est, on est un charbonnier.

Ce regard nous sauve. Quelle plus grande force que de vivre ainsi ? On est proche du risque à l'état pur. De l'audace absolue. Les psychanalystes rappellent qu'un regard trop conscient sur soi nous coupe de la vie comme de nous-mêmes. Un regard inconscient, au contraire, sauve. N'est-ce pas qu'un tel regard libère la force inconnue qui nous aide à marcher dans la vie sans savoir qui nous sommes ?

La foi se transmet. Par l'intelligence, mais aussi par le regard. Elle est, dit-on, un don de Dieu. Et l'on dit bien. Il y a dans la vie une force immémoriale qui la soutient. Quand nous vivons sans savoir qui nous sommes, une telle foi nous soutient. On se demande pourquoi certains ont la foi et d'autres non. On spécule sur le fait de savoir à qui Dieu a donné la foi, en imaginant qu'il faut qu'une minorité l'ait depuis toujours, pour éclairer le monde, et qu'une autre ne l'ait pas, pour l'aveugler. Le problème est posé à l'envers. On pourrait savoir pourquoi on a ou on n'a pas la foi, s'il y avait une technique pour l'avoir. Or, il n'y en a pas. Pour avoir la foi, il suffit de l'avoir.

Il n'y a aucune raison d'avoir la foi. Elle est gratuite. Et quand on l'a, c'est pour de nobles, de merveilleuses raisons. Il n'y a aucune raison de ne pas l'avoir. Elle est ouverte, disponible à tout moment, pour qui veut. Un jour, peut-être, nous cesserons de nous torturer à son sujet. Nous comprendrons alors avec émerveillement.

Car c'est à merveille qu'il faut parler des choses merveilleuses, et non banalement.

Pour en finir avec le risque

La foi est fondatrice. Pour le sens, comme pour l'action. En ce qui concerne l'action, dans notre relation à autrui, il y a toujours un moment où il convient de faire, comme on dit, « le premier pas », soit pour créer une relation en brisant l'indifférence qui sépare, soit pour renouer le lien quand un conflit a eu lieu.

Imaginons que jamais personne ne fasse le premier pas. Les relations seraient impossibles. La foi comme foi dans l'autre, la foi comme foi dans la relation humaine est donc la relation de toutes les relations. D'où son côté paradoxal.

D'une part, rien ne la précède, elle appartient à l'ordre de l'indicible, défiant toute raison avec une décourageante radicalité. On n'y échappera pas. Le seul moyen d'entrer en relation avec les autres passe par la foi, et le seul moyen d'avoir la foi passe par un saut à pieds joints dans celle-ci.

D'un autre côté, cependant, rien n'est plus rationnel que la foi. Comment agir autrement qu'en passant par elle et en faisant un saut ? N'est-ce pas une évidence ? N'est-ce pas le bon sens même ? Il y a une raison immédiate plus raisonnable que toute raison. C'est la raison qui agit sans attendre de bonnes raisons pour agir. Elle est la raison même, car elle est celle des grandes choses qui s'engagent. Tout de suite. Comme l'amour, par exemple. Quand on aime, on n'attend pas de bonnes raisons d'aimer. On aime immédiatement. Et cette immédiateté fait la grandeur de l'amour. Grandeur que partage la foi.

Celle-ci ne raisonne pas, non par manque de raison, mais parce qu'elle est la raison en acte. Quand quelque chose est bon, on le vit, sans hésiter. Et le fait de le vivre ainsi est la traduction du fait qu'on le trouve bon. La foi agit de même. Elle vit ce qui est bon en faisant sien ce qui est bon.

Dès lors, avoir foi dans la relation humaine s'éclaire. Elle ne consiste pas simplement à prendre un risque, mais surtout à trouver la relation humaine bonne et à la vivre comme telle. Ce qui est la vérité même. La relation humaine est toujours bonne. Il suffit de considérer son absence pour s'en convaincre. Le conflit, la solitude et le silence ne sont pas, que l'on sache, des formes d'accomplissement. La foi dans l'autre comme dans la relation est la mémoire de cette saveur. D'où son lien avec le bonheur. On oublie d'y penser.

La foi ne cesse d'être présentée comme un acte héroïque. Une prise de risques. Un effort que l'on fait sur soi. On baigne à son égard dans un climat de souffrance.

Il est vrai que parfois, il faut se forcer. Prendre sur soi pour faire un premier pas, en brisant courageusement le cercle infernal de la violence dans les relations, qui consiste à demander aux autres de faire le fameux « premier pas », sans agir soi-même. Il s'agit là d'une logique de tyran et derrière elle de la logique même de l'archaïque, sacrifiant l'autre à soi, pour éprouver un sentiment de puissance.

Avoir le courage du premier pas, avoir donc le courage du commencement, brise la logique du sacrifice et fonde l'ordre d'une relation humaine sans violence. Ce geste de courage est remarquable, et il importe de ne pas s'arrêter en chemin.

S'il est hautement estimable de mettre fin à

la logique du sacrifice, encore faut-il ne pas prendre une mine de sacrifié, en retournant la violence contre soi. Car l'expérience le montre, la violence refoulée a toujours tendance à revenir. Quand la relation à l'autre demande un effort constant, on a un jour envie de se venger.

Ce n'est donc pas simplement la violence de l'autre qu'il s'agit de surmonter, mais la violence contre soi également. Un moyen pour cela : trouver l'existence bonne, et bonne sa propre existence. Ce qui n'est pas de l'égoïsme, au contraire.

Quand on reste en accord avec soi et en accord profond, cet accord demeure contre vents et marées. On possède alors la patience nécessaire pour supporter l'autre qui ne se supporte pas, sans faire grise mine pour autant. De ce fait, à tout moment, la relation perdue peut reprendre. Nous tenons là le véritable commencement. La vraie foi dans la relation à l'autre. Celle-ci ne réside pas en un geste unique de souffrance héroïque, mais dans un certain état de bonheur traversant le temps.

Pour en finir avec la confiance

Pascal nous a habitués à considérer la foi sous la forme d'un pari. Ce qui est ambigu. Quand on a affaire à des libertins au tempérament de joueur, on peut entreprendre de les convaincre en se plaçant sur leur terrain. Leur dire, ainsi que l'a fait Pascal, qu'ils ont tout intérêt à parier sur Dieu et la vie éternelle après la mort. S'ils perdent, ils ne perdent rien, puisqu'ils conservent leur vie. Mais surtout, s'ils gagnent, ils gagnent tout. Ce qui invite à réfléchir. Il serait tout de même dommage de tout perdre. Qui peut prendre un tel risque ?

Sur le terrain de la logique, Pascal a raison. Sur un plan moral, sa position est plus discutable. N'est-il pas quelque peu démagogue de faire de Dieu un pari gagnant ? Fait-on vraiment progresser un libertin en lui disant qu'il pourra satisfaire son tempérament de joueur tout en ayant Dieu ?

On parle trop le langage du risque dès qu'il est question de foi. C'est profondément équivoque. Cela installe un climat de peur et de tristesse. Il est vrai que le désir de se sécuriser est bien humain. On est tenté de ne rien croire et de n'adhérer à rien, afin de satisfaire une telle tendance. Mais est-il certain que le meilleur moyen de parler de foi exige de brusquer les êtres en leur faisant honte d'un désir naturel ? Ne risque-t-on pas, au contraire, de favoriser cette tendance par réaction ?

Et si l'on ne veut pas favoriser une telle réaction, ne risque-t-on pas de se contredire en vantant, par exemple, un risque en pleine sécurité, de façon à rendre le risque attrayant ? N'est-ce pas cette contradiction que révèle le pari de Pascal ? N'est-ce pas cette contradiction qui traverse en permanence le monde dans lequel nous vivons ?

Ce monde est dominé par les valeurs libérales. En leur sein, les notions de risque et de confiance occupent une place centrale. Alors que les sociétés totalitaires ne font aucune confiance à l'individu et à son esprit d'entreprise, les sociétés libérales les soutiennent. Selon elles, en créant de la prospérité, il sera possible de guérir tous les maux dont souffrent les sociétés.

Les sociétés libérales sont des sociétés de risques. Ce qui semble paradoxal, mais ne l'est pas, puisque faire confiance est une prise de risques.

Favoriser l'esprit d'entreprise conduit aussi à stimuler l'esprit de risque. Une subtile dialectique s'établit ainsi entre confiance et risque. La confiance née du risque tend à favoriser l'esprit de risque. À l'inverse, le risque né de la confiance tend à susciter la confiance. Max Weber l'a bien montré. Le développement de la foi à l'intérieur du christianisme, et particulièrement du protestantisme, n'a pas été sans influence sur le développement de l'économie libérale, le risque et la confiance pratiqués dans la vie économique étant envisagés comme témoignages de la foi religieuse. Derrière ce mécanisme, bien des questions se posent.

Le monde libéral fait-il autant confiance qu'il le prétend ? Certes tout le système repose sur la confiance, puisqu'on évoque sans arrêt la confiance des marchés tantôt en hausse, tantôt en baisse. Cette confiance est si importante que si, par exemple, d'un jour à l'autre, tous les petits épargnants décidaient de retirer leurs avoirs des banques faute de confiance en elles, tout le système économique s'écroulerait. Une crise sans précédent serait déclenchée. Néanmoins, le système libéral ne cherche-t-il pas en permanence à manipuler cette confiance apparente ?

À quoi sert la communication sinon à créer

une stratégie propre à faire passer le message souhaité ? Est-ce là faire confiance ? De même à quoi sert la publicité, sinon attirer les consommateurs à leur insu, en s'immisçant dans leur subconscient ? Est-ce là encore faire confiance ? Quand on fait confiance, on ne cherche pas à imposer sournoisement son point de vue.

Le risque tel qu'il est pratiqué pose autant de questions. La logique du profit n'incite-t-elle pas à prendre des risques en pleine sécurité afin de ne pas perdre d'argent ? Où est le risque ? Et lorsque cette même logique du profit conduit à la loi du plus fort, là encore, où est le risque ? Plus qu'une société de risques, la société libérale n'est-elle pas une société d'assurances ?

Le monde contemporain tend à apparaître comme un monde de foi faisant confiance et prenant des risques. En pratique, cette foi revendiquée demeure chargée d'équivoque, car un point essentiel n'a pas été réglé. Il s'agit de la peur.

Jetons un regard autour de nous, tendons l'oreille. C'est continuellement sur le ton de la peur qu'il est question du risque comme de la confiance. On vante le risque, non par amour du risque, mais par réaction contre le besoin de confiance, jugé trop frileux, trop sécuritaire, trop conservateur. Et l'on vante la confiance, non par amour de la confiance, mais par peur du danger, de la passion, des extrémistes.

Il faudra, un jour, réfléchir à la confiance. On s'apercevra alors qu'elle n'est pas ce que l'on croit. Quand on a confiance, on ne se force pas, on ne joue pas à se dire confiant. On se moque d'avoir confiance. On n'y pense pas. Cette insouciance a une raison. Elle vient de l'intérêt que l'on porte à son projet. Si l'idée que nous défendons et que nous vivons a une importance telle à nos yeux, qu'elle en vient à passer avant la pensée de nous-mêmes, nous connaîtrons ce que veut dire la confiance. Nous comprendrons par là même ce qu'aimer veut dire.

L'amour ne se regarde pas aimer. Il aime. La pensée ne se regarde pas penser. Elle pense. Tout ce qui est grand ne se regarde pas. La grandeur, comme la générosité, consiste à donner davantage d'importance à ce qui est grand, comme la pensée ou l'amour, qu'à soi-même. Dieu est à cet égard la grandeur même, puisqu'en créant l'homme, il s'efface devant lui. La foi consiste à reproduire ce geste divin dans l'existence humaine, en s'effaçant devant la vie ou devant les autres, afin de les faire vivre et de se faire vivre soi-même.

Quand une chose a de l'importance à nos yeux, nous savons nous effacer. En nous effaçant ainsi, la vie se met à vivre. Nous nous mettons à vivre. Tout est transmuté, transfiguré. Nous agissons comme agit Dieu, avec un art divin. Le problème de la confiance ne se pose dès lors pas. Le sérieux tient lieu de confiance. Il existe donc une tragique méprise à propos de celle-ci. On la psychologise trop, on cherche des recettes pour se donner confiance et l'on n'en trouve pas. Dieu et la religion sont devenus l'une de ces recettes. Cette foi a étouffé la foi véritable, et masqué l'essentiel. La confiance n'est pas une question de risque et de confiance, mais de sérieux dans ce que l'on vit comme dans ce que l'on veut. De profond sérieux.

L'éternelle jeunesse de la vie

Il est beau de faire le premier pas, plus beau encore de confirmer le premier pas par un second. Tant d'engagements sont éphémères parce que vélléitaires. On le sait, l'esprit est bien disposé mais la chair est faible. Surtout quand il s'agit de confirmer ce que l'on a voulu en apparence. Comme si vouloir vraiment ce que l'on prétend devait effrayer.

Vladimir Jankélévitch a souligné que la première fois ne commence vraiment qu'avec la seconde, quand celle-ci vient confirmer la première. Il faut d'ailleurs aller plus loin. La première fois ne commence vraiment qu'avec la certitude qu'il y aura non seulement une deuxième fois, mais une troisième, puis une quatrième. On ira jusqu'au bout. On finira. C'est ce que signifie commencer. C'est également ce que signifie vouloir.

Vouloir, commencer, c'est être fidèle. Car vouloir, c'est vouloir à nouveau, et commencer, c'est recommencer. Il n'y a pas de commencement, pas de volonté, sans un rapport à la fidélité, qui est l'art des recommencements. En ce sens, la fidélité est plus profonde que la volonté, plus profonde que le commencement. D'abord, il y a la fidélité. Puis, tout le reste suit. L'amour en est la plus belle illustration.

Tomber amoureux est à la portée de tout le monde. Rester amoureux est plus rare. Cela demande d'aimer encore ce que l'on a aimé une fois. Donc, d'aimer vraiment. Qui souhaite se sentir lié ? Surtout quand il s'agit de se lier à soi. Si l'on échoue, on ne peut s'en prendre qu'à soi-même.

Ce n'est pas l'amour qui est créateur de fidélité. C'est la fidélité qui est créatrice d'amour. C'est d'ailleurs sans doute l'une des raisons pour lesquelles on se marie. Pour dire « je t'aime », il faut commencer par dire « je t'aimerai ». L'amour consiste à donner un avenir à l'amour. Et donner un avenir à l'amour passe par le fait de promettre d'être fidèle.

Comme tout ce qui est important, l'amour a besoin d'être aimé avant lui-même, pour pouvoir exister. Il a besoin d'un a priori favorable, d'une confiance, d'une absence d'arrière-pensée. C'est pourquoi il appartient à l'ordre de la foi et de la fidélité, deux âmes fidèles étant les seules à pouvoir s'aimer.

Il en va de même de l'amitié. L'ami est fidèle, ou il n'est pas un ami. Qui n'en a fait la douce expérience n'a pas rencontré l'amitié. Souvenons-nous du bonheur de retrouver l'ami tel qu'on l'avait quitté, parce que l'amitié est là. Intacte, malgré le temps qui passe.

L'amitié est l'éternelle jeunesse de la vie. Grâce à elle, tout demeure tel que par le passé.

Tout garde le goût de la première fois, l'amitié ayant l'art de confirmer la première fois que l'on a été ami.

La fidélité est un art du temps. Elle sait le traverser en y conservant la force d'une identité de sentiment. Elle convertit l'éphémère en éternité. Elle est la gardienne de la jeunesse du monde. De sa fraîcheur. Et cela, par le fait d'aimer encore ce que l'on a aimé. En aimant de la sorte, nous découvrons d'abord l'amour en acte. Mais surtout, de l'intérieur de l'amour, nous découvrons un secret.

Le temps englobe tout, puisque rien apparemment ne lui échappe. Pourtant, il existe quelque chose de plus fort que lui. Il s'agit de l'amour fidèle. Mettons l'amour à l'épreuve du temps : quand il demeure il triomphe du temps. L'amour n'est alors plus dans le temps. C'est le temps qui est dans l'amour.

La vie entre dans le temps, mais le temps peut entrer dans la vie, pour peu que l'on devienne fidèle. Nietzsche en a eu la profonde intuition, quand il a fait de l'éternel retour le secret de la volonté, et de la volonté le secret du temps.

« Veuille encore ce que tu as voulu une fois, nous dit-il. Alors tu seras heureux. Car si tu désires encore ce que tu as désiré une fois, tu ne subiras plus le fardeau du temps. Ce n'est plus lui qui contiendra ton désir. C'est ton désir qui le contiendra. » La répétition est créatrice. Elle est la marque du désir. C'est le désir qui répète et qui, en répétant, fait que la vie n'est plus abandonnée à elle-même, mais voulue. Une vie aimée.

Tout se retourne dès lors. Entrons dans la logique du désir ; plus il se répète, plus la vie commence. On imaginait le commencement derrière nous, il est devant, à venir. Soyons fidèles à la vie, nous le comprendrons. Et par la même occasion, nous comprendrons l'homme.

Celui-ci est toujours défini d'une façon trop abstraite. Par son intelligence et non par son désir. C'est une erreur. Cela revient à définir l'homme non comme un vivant mais comme un mort. En effet, s'il est intelligent, ce n'est pas qu'il l'est, mais qu'il désire l'être, afin de vivre. En ce sens, le désir de vivre est ce qu'il y a de plus intelligent ; si ce désir devient caduc, l'humanité disparaît.

Il faut être intelligent, mais aussi vouloir l'être et le demeurer. En ce sens, le désir et l'amour sont plus profonds que l'intelligence.

L'homme est l'animal le plus intelligent qui

soit, quand il est le plus aimant et le plus vivant. Ayant en lui une étonnante capacité de désir, il a une spécificité.

Une telle définition est singulière. Elle revient à dire que l'homme se distingue des autres espèces en étant l'espèce la plus vivante. Belle façon de définir l'humanité en disant que l'homme est cet être que passionne l'humanité. Belle façon également de définir le langage, la technique ainsi que la civilisation. Ils seraient nés de la passion et, derrière elle, d'un intense désir d'exister. C'est vrai. L'amour ne délie-t-il pas les langues ? Ne fait-il pas surgir des énergies transformatrices insoupçonnées ? N'inspire-t-il pas des révolutions sociales et mentales ?

Spinoza a nommé persévérance la force du désir. N'est-ce pas une façon rationnelle de parler de la foi ? Qu'est-ce que persévérer, sinon être fidèle à sa propre vie afin d'en faire monter l'énergie ? Et qu'est-ce que la fidélité, sinon la foi en acte ?

Les religions regroupent des fidèles. Jour après jour, ils se rendent à l'église, au temple, à la mosquée, à la synagogue, pour prier. Extérieurement, la prière donne l'impression d'être une forme de passivité. La répétition des rites et des incantations semble une obsession vide et abrutissante. Cela peut être le cas, lorsque rite et prière sont vécus de l'extérieur. Mais lorsqu'ils sont vécus de l'intérieur, ils sont la vie même en acte. Se lasse-t-on de répéter le geste de la vie, quand on aime vivre ? Se lasse-t-on de répéter le geste d'aimer, quand on aime ? Ces gestes ne sont-ils pas la création en acte ?

L'humanité est née avec les dieux et les rites, rappellent les anthropologues. Cela n'a rien d'étonnant. C'est en vivant religieusement la fidélité que l'humanité l'a vécue pratiquement, découvrant en elle le secret permettant de faire remonter les énergies profondes de la vie. Pour libérer cette énergie, il suffit de vivre ce que l'on vit. Avec fidélité.

La nuit du fanatisme

Il faudra un jour s'en convaincre : la foi est une vertu hautement pacifique. La modernité peine à le croire. Les Lumières sont passées par là, laissant traîner derrière elles en héritage l'idée que toute foi se confond avec du fanatisme.

C'est une erreur ; contrairement aux idées reçues, le fanatisme n'est pas de la foi, ni la foi du fanatisme.

Primitivement, le fanatisme désigne l'attitude du gardien du temple (en latin *fanum*), prêt à mourir pour que des impies ne profanent pas le lieu du sacré. Par extension, il désigne tous ceux qui sont prêts à tuer ou à se faire tuer pour une cause.

Les grandes religions du monde ont bien été le théâtre de suicides ou de meurtres pratiqués par des fanatiques. Ces suicides ou ces meurtres ont d'autant plus frappé l'opinion spectatrice qu'ils ont été commis au nom de la religion, pour d'obscurs motifs théologiques (problèmes de préséance dans les lieux de culte, modifications de calendriers), quand ils n'ont pas été le fruit d'une volonté d'affirmation de soi portée à l'extrême.

Le fanatique terrifie, parce qu'il est prêt à tout faire sauter, y compris lui-même, afin de l'emporter sur tel ou tel point théologique qu'il juge non négociable.

On a bien raison de fustiger le fanatisme. Les souffrances qu'il inflige sont cruelles, le sacré attisant la violence, et le désir de devenir le champion de Dieu rendant fou. Il faut toutefois rappeler que tous les fanatiques ne sont pas religieux, ni toutes les religions fanatiques.

Il existe des non-religieux extrémistes. Fascisme et communisme ont engendré des fanatismes laïques n'ayant rien à envier au fanatisme religieux. Aussi faut-il prendre conscience de la complexité du phénomène, qui ne relève pas tant du religieux proprement dit que du manque de véritable foi.

Celui qui doute de lui-même cherche à se rassurer à l'extérieur de lui-même. On peut le vérifier à propos du fanatisme.

Au sein des grandes religions existantes, il y a des minorités qui, se sentant menacées par la modernité, le font savoir en recourant à la violence. Elles pensent gagner ainsi le pouvoir qui leur manque, sans apercevoir la contradiction où elles se trouvent. Quand on a foi en Dieu, source créatrice de vie, on devrait avoir foi dans son aptitude à sauver les hommes, puisqu'il les a créés. Étrangement, les minorités fanatiques agissent comme si le Dieu qu'elles confessent était incapable de sauver sa propre création. Au lieu d'éclairer notre monde tourmenté, elles le tourmentent davantage.

La foi authentique est paisible. Parce qu'elle

est la foi, précisément ; elle est donc patience. Là réside le vrai sens du martyre. Celui-ci n'est pas un supplice, mais un témoignage mené jusqu'au bout, comme l'indique son nom, *martyros* signifiant témoignage en grec. Le martyr ne témoigne pas parce qu'il souffre ; il souffre parce qu'il témoigne. Ce n'est pas un être de douleur qui se sacrifie ; c'est un être fort, qui a décidé de ne jamais renoncer à la plus belle part de lui-même.

Pour accéder à un tel niveau, il faut être allé à l'intérieur de soi, afin de faire vivre l'énergie créatrice qui s'y trouve. Tout le monde, au sein de la pratique religieuse, ne vit pas ainsi. La religion devient alors une religion extérieure. L'image de soi par rapport à autrui tend à se substituer à la relation entre soi et la source intime de soi-même. On est croyant comme on appartient à un parti, un club ou une bande. On veut représenter quelque chose au sein des rapports de force universels. La fierté religieuse se met à dicter ses règles à la conduite, qui souffre ou se réjouit, selon qu'elle peut ou non affirmer sa fierté. Comment s'étonner dès lors que la violence puisse éclater au sein des religions ? Les humiliés cherchent toujours à prendre leur revanche.

La véritable foi est à l'opposé du fanatisme, qui prétend agir au nom de Dieu, et n'agit qu'au nom de lui-même. Elle laisse parler la source créatrice qui est en chacun. Elle convainc en laissant parler cette vie intérieure.

L'Orient chrétien a un beau mot pour désigner les ermites qui ont voué leur vie à Dieu. Il les nomme « hésychastes », du mot grec *hesychia* désignant la tranquillité. Un homme de Dieu est donc vu essentiellement comme un homme tranquille. Un homme qui ne s'émeut pas. On l'attaque ? Il éprouve une fraternelle compassion envers ses attaquants. Il sait qu'il existe une source de vie plus profonde que tout. D'où son calme communicatif. La foi ne parle pas par la violence, mais par la douceur.

La dignité du témoignage

La foi se manifeste par le témoin, le *martyros*, en grec, qui n'est ni celui qui tue pour avoir raison, ni celui qui se laisse tuer par masochisme, mais l'homme patient, qui abrite en lui jusqu'au bout le mystère qui fonde l'humanité.

Le *martyros* est le témoin de la lumière dans le monde, parce qu'il est avant tout le témoin de la lumière en lui-même. Socrate en est un bel exemple. Il ne se laisse pas tuer, comme le pensent ceux qui voient dans sa mort un suicide. Il demeure simplement là où les dieux l'ont mis. Demeurer Socrate est plus vivant que fuir Athènes afin de rester en vie. Aussi accède-t-il par ce geste à la dignité des fondateurs sur lesquels repose l'humanité. Car un homme authentique est capable de vivre jusqu'au bout la part lumineuse de l'humanité

L'humanité se fonde sur des hommes qui ont su rester ce qu'ils étaient. Par fidélité ; par foi. Par attachement à ce qui fait être. La justice se fonde également sur de tels êtres. D'où l'importance du témoin.

Il est celui qui a vu ce qui s'est passé. Il peut donc porter témoignage. À partir de celui-ci, il sera possible d'accuser ou, au contraire, d'innocenter. Certes, on sait combien peut être fragile un témoignage. Tout le monde peut s'égarer. Les sens sont parfois si trompeurs, l'atmosphère idéologique si prégnante. Néanmoins, malgré sa fragilité, c'est le témoignage qui prévaut. C'est sur lui que se fonde la justice. À l'évidence, parce que certaines choses ne s'inventent pas. Quantité de détails le prouvent. Le ton du témoin par exemple. Ce que l'on nomme le « parler vrai ».

Les machines à détecter le mensonge constatent que le menteur tremble toujours ; pas le témoin véridique. Pour le savoir, on n'avait nul besoin de machines. Mais il est intéressant que celles-ci le confirment. Le témoin véridique laisse parler l'événement. Il est le médiateur entre l'événement qui s'est produit et la société qui le juge. Et parce qu'il est ce médiateur, il va permettre au processus du jugement de se mettre en marche.

Il fondera autour de lui la société, comme société qui écoute et qui juge. En retour, la société constituera le témoin en témoin, écoutant son récit et le jugeant crédible.

Il existe un cercle du témoignage. Le cercle de la bonne foi. Loin de fermer la parole et de la faire tourner sur elle-même, ce cercle contribue à l'ouvrir.

C'est souvent le cercle du témoignage qui permet de briser la violence et le mal. Un assassin, on le sait, tue toujours deux fois. La première, il élimine ceux qui le gênent. La seconde, les témoins, ainsi que les témoignages de son crime, afin d'échapper à toutes représailles.

Dans la logique du crime, le crime n'existe pas. Il n'a jamais eu lieu. Sauf quand un témoin revient et raconte. Le mensonge devient alors impossible.

Lors de la dernière guerre mondiale, les nazis ont tout fait pour que le peuple juif soit rayé de la carte de l'histoire et que nul ne revienne témoigner. Ils ont failli réussir. Sans des hommes comme Primo Levi ou Robert Antelme pour porter témoignage, on n'aurait rien su des horreurs perpétrées.

Le mal veut une histoire sans témoignages. L'inhumanité a horreur de la lumière. Elle agit dans l'ombre et le secret. L'histoire vraiment humaine ne se fonde que sur le témoignage. L'histoire divine également.

« Vous serez mes témoins et je n'aurai pas d'autres témoins que vous », dit le Christ à ses disciples. Tout l'Évangile repose sur le témoignage. Le Christ témoigne de la vérité en l'incarnant. À sa suite, ses disciples témoignent de la vérité en l'incarnant à leur tour. Et le faisant, ils deviennent les témoins d'un étonnant renversement.

La subjectivité et les sens sont couramment l'objet d'un doute. Ne sont-ils pas ce qu'il y a de moins fiable ? Aux yeux de la raison pragmatique, le témoignage ne vaut pas une preuve. Aux yeux de la foi, il en va à l'inverse. Le témoignage vaut davantage qu'une preuve. Quand il s'agit du vrai, rien n'égale la vérité vivante.

De l'homme extérieur à l'homme intérieur

La relation à soi, la relation à l'autre, l'amour, la justice, le savoir, l'économie, l'histoire, tout est concerné par la foi. Tout est concerné par l'amour face à la haine, l'amour et la foi se rejoignant.

La foi qui est si grande commence toutefois par quelque chose de bien faible. Écoutons quelqu'un dire « Je crois que... ». Dans ces quelques mots, il n'y a presque rien. Pas de preuve ; pas d'attestation solide. Rien qu'un individu avec sa propre conviction. Son courage, son dépouillement, puisque pour en arriver là, il a fallu accepter de se retrouver seul avec soi-même.

Oser ainsi être seul est un geste rare, que bien peu tentent. Oser être convaincu, également. Il est plus courant d'avancer protégé, masqué, derrière ce qui se dit.

La conviction dépouillée n'est pas grand-chose. C'est pourtant elle qui laisse une bouleversante impression de vérité. Ce n'est pas un hasard. Avec elle, on touche au fondamental.

Penser passe toujours par le fait de penser par soi. Penser par soi ne passe par rien, sinon d'oser être soi en ne s'appuyant que sur soi. Quand on ose, on débouche sur l'infini, rien ne pouvant limiter celui qui est ainsi lui-même. On passe alors de l'homme extérieur à l'homme intérieur, qui repose sur l'infini qui se trouve en lui.

Dans la tradition chrétienne, le Christ exprime une double signification. Il est, d'une part, ce personnage historique, dont on nous conte la vie et la mort. Il est également ce que l'on appelle l'homme intérieur.

On pourra s'étonner devant cette définition du fond de l'homme par le Christ. N'est-ce pas une forme de récupération chrétienne ?

Si l'on ramène tout au Christ historique, en exigeant que le monde entier s'identifie à lui, certainement. Si, en revanche, on entend par Christ, le Dieu vivant, l'infini incarné dans l'homme, il en va différemment. Refuser d'identifier le cœur de l'homme à cet homme intérieur est réducteur, puisque cela condamne à limiter l'humanité, en lui fermant, d'une façon tragique, les portes de l'accès à elle-même.

Chaque être humain est capable de découvrir l'infini qui se trouve en lui, pour peu qu'il rentre en lui-même. Alors, il fait l'expérience de découvrir non seulement sa propre personne, mais une personne infinie, incarnant la rencontre entre l'infini et la vie.

La rencontre de l'homme intérieur n'est pas un vain mot. Toutes les sagesses en ont parlé. Toutes enseignent ce qu'avaient écrit les Anciens sur le haut du temple de Delphes : « Connais-toi toi-même ! ». Il s'agit de la connaissance la plus décisive que l'on puisse acquérir. Partons de la notion d'action et demandons-nous ce qu'il y a de plus actif dans le monde. Ce n'est pas la matière ; pas non plus la vie ; même pas l'homme. C'est l'humain quand il est pénétré par le divin, parce qu'il s'est ouvert à l'infini en rentrant en lui-même.

Selon Maître Eckart, l'œil par lequel je me vois et l'œil de Dieu sont une seule et même chose. En nous approfondissant, nous découvrons Dieu. Non pas que nous soyons Dieu. Celui-ci n'est pas une projection de nous-mêmes. Il est, au contraire, librement face à nous. Pour s'en rendre compte, il suffit de devenir libres en nous posant en nous-mêmes.

Soyons en nous, nous devenons vis-à-vis de nous-mêmes comme Dieu vis-à-vis de lui-même. En Lui. L'intériorité qui nous rassemble est en même temps l'intériorité qui nous distingue. Elle unit sans confondre ; elle distingue sans diviser. C'est pour cela que la tradition l'a nommée le cœur. Celui-ci n'est pas un organe, ni un sentiment, mais plutôt un centre ontologique, qui remet tout en place.

Chacun a pu expérimenter un jour qu'en s'intériorisant, il pouvait décupler ses forces et briser les obstacles qui empêchent de communiquer avec les autres comme avec le monde environnant. En se recentrant, on va vers le centre des autres et du monde. Il s'agit d'une rencontre avec le Christ, le Dieu vivant qui lève les obstacles, car il est le centre ontologique permettant à tous les points de l'univers et des hommes de se centrer et de communiquer.

La sagesse indienne assure qu'il n'est pas de tâche plus urgente au monde que de se chercher soi-même. En Occident, Kierkegaard n'a cessé de le répéter. On comprend mieux pourquoi. Il s'agit de l'expérience la plus décisive que l'on puisse faire au cours d'une vie. La morale chrétienne n'a pas toujours su l'enseigner, loin s'en faut. En faisant croire qu'il fallait devenir moral pour accéder au Christ, elle a dramatiquement inversé notre rapport à la morale. Comment accéder au Christ sans le Christ ? Il faut donc tout revoir et dire que l'on sera moral parce que l'on partira du Christ, c'est-à-dire de l'homme intérieur. Ce n'est pas le Christ qui est un effet de la morale, mais la morale qui est l'épanouissement de l'homme intérieur.

Il faudra un jour que la morale chrétienne qui s'est égarée accomplisse sa révolution, afin de retrouver ses racines oubliées. Elle comprendra alors à quel point elle a fait fausse route, en réduisant l'intériorité à un combat contre les tentations.

On n'enseigne pas l'intériorité dans la haine, mais dans l'approfondissement de soi. Contrairement aux apparences, dans la haine, on ne se dépasse pas, on évite de se dépasser.

On se dépasse quand on sacrifie l'amour dont on fait preuve pour un amour plus grand encore. Quand on hait, on ne sacrifie rien.

La haine de soi a toujours été la tentation de la morale, en mimant un illusoire dépassement de soi. Elle le demeure. C'est elle qui mène le monde, en faisant régner l'intérêt comme morale, intérêt donnant l'impression que l'on se dépasse, alors qu'en réalité, on ne s'approfondit pas.

Quand le serpent tente Ève, il lui propose d'être comme Dieu, afin de la détourner d'un approfondissement d'elle-même. Et pour tenter le Christ, le diable lui suggère de sauver le monde, afin de le détourner de son intériorité.

La tentation ne consiste pas à s'aimer, mais à se laisser aller à l'immédiat oubli de soi dans l'intérêt pour le monde. Voilà pourquoi il nous a été recommandé d'aimer l'intime de nous-mêmes, si mal traduit par la notion de prochain, comme nous-mêmes. Mettons-nous en effet à aimer ce prochain-là, nous cessons d'être soumis à la tentation, et du coup, d'être offensés et d'offenser les autres. Le ciel devient notre terre intérieure.

La foi est une vertu. Une grande vertu, puisque dite théologale, à côté de l'espérance et de la charité. Cette grandeur ne vient pas de sa force de résistance dans le combat et la douleur, en attendant que le vent tourne.

Cette sinistre vision nous fait passer à côté de l'essentiel. La foi est une vertu, parce qu'elle nous montre que l'humanité est habitée par un homme intérieur, qu'il faut y demeurer. Dans ce cas, la vie humaine trouve davantage que la force de lutter et plus qu'une morale. Elle rencontre une vie remarquable.

Introduction au sens de l'inouï

Une fausse image de Dieu

La foi participe au savoir. Elle est nécessaire à l'action. Elle seule pénètre au cœur de la source de vie qui se trouve au fondement de l'existence et des hommes. À cet égard, elle est la faculté métaphysique par excellence. Encore faut-il préciser ce que l'on entend à ce niveau par foi.

On a souvent essayé de faire comprendre la nécessité de Dieu comme d'une foi. Toutes les tentatives n'ont pas été fécondes. Ce n'est pas un hasard, et le refus de Dieu qui s'en est suivi n'est pas forcément négatif.

Contrairement aux idées reçues, il est très logique de croire en Dieu. Si logique que, selon André Comte-Sponville, aucun concept ne répond mieux aux questions que se pose l'humanité sur elle-même.

En observant le monde, il paraît difficile de soutenir qu'il provient d'un hasard. On ne fait pas de l'ordre avec du chaos ni de l'intelligence avec des forces aveugles. Le supérieur ne se réduit pas à l'inférieur.

Incompréhensible que Dieu soit, disait Pascal. Incompréhensible qu'il ne soit pas. Aujourd'hui nous traduisons ce jugement par le paradoxe du singe dactylographe, en disant qu'il est peu probable que Dieu existe. Mais plus improbable encore qu'il n'existe pas : cela reviendrait à soutenir qu'un singe peut composer *La Divine Comédie* en tapant au hasard sur une machine à écrire.

Le monde, la vie et l'homme ne sont pas des hasards. Ils ne vont pas au hasard. On ne vit pas sans un but, ou bien, on erre. À cet égard, l'homme est significatif. Il cherche à faire advenir l'homme. Cela n'exprime pas une absence de finalité dans le monde, mais au contraire, une finalité bien réelle.

On a beau être un homme, encore faut-il le devenir, en faisant vivre l'homme conscient à la place de l'homme inconscient. Ce passage nécessaire à la conscience marque bien l'existence d'un objectif du monde. Mettons l'esprit au centre de l'existence, tout s'éclaire. La vie humaine prend le sens de faire advenir le règne de l'esprit par l'entremise de la culture.

Dieu permet à l'humanité de se penser. Il lui permet également de se construire.

Toute morale se fonde sur le sens du sacré. C'est en posant une limite inviolable qu'elle devient capable de refouler la violence, et de préserver ainsi les relations humaines. En ce sens, la loi morale qui humanise l'humanité est ce qu'il y a de plus divin dans le monde. Aussi n'est-ce pas un hasard si on la représente sous des traits divins. En faisant naître l'humanité à elle-même, elle est Dieu en acte.

De même, toute politique se fonde sur Dieu. C'est en se référant à une autorité indiscutable qu'il est possible d'arbitrer les conflits humains. Hegel a fait de l'État l'incarnation de Dieu sur la Terre. Il n'y a là rien de délirant. L'État, garant des limites permettant à l'humanité de vivre, est bien son créateur.

Les arguments en faveur de Dieu ne manquent donc pas. Ils sont même très cohérents. Pourtant, ils ne suffisent pas à fonder une authentique relation entre l'homme et le Créateur, tant ils demeurent extérieurs.

Il est vrai que Dieu permet de comprendre le monde et de le construire. Mais en étant ainsi utile à la science, à la morale, à la politique, force est de constater qu'il ne lui reste plus rien de personnel, d'intime, de divin. Aussi, Nietzsche a-t-il eu raison de proclamer que Dieu est mort.

Le lien intime entre Dieu et l'homme est effectivement mort. Il a été tué par la rationalisation de Dieu, faisant triompher la science et la société comme idéaux pour l'humanité. D'où la crise spirituelle que traverse l'Occident.

La spiritualité devrait guider la culture et inspirer la politique. Elle ne le fait plus, la notion d'expérience spirituelle étant devenue étrangère à cette même culture, ce qui n'a rien d'étonnant.

En rationalisant Dieu, la culture occidentale a rendu impossible tout lien intérieur entre l'homme et Dieu. On ne peut demander aux hommes d'aimer Dieu après avoir exigé qu'ils se soumettent à lui pour des raisons scientifiques, morales et politiques. Résultat, l'homme occidental ne comprend plus ce qu'est l'homme intérieur. Et il souffre, étant incapable de naître à lui-même.

Dès lors, ce n'est pas un hasard si l'athéisme a envahi la culture. Le Dieu extérieur ayant tué le Dieu intérieur en faisant triompher science et société, l'homme intérieur refoulé s'est révolté, en cherchant à écraser religion, science et société, en vue de refaire surface. D'où la révolte de Marx contre le conformisme social, celle de Freud contre le conformisme moral, celle de Nietzsche contre le conformisme religieux. Révolte compréhensible, mais fort limitée. Loin de faire revivre l'homme intérieur, elle demeure très extérieure, en idolâtrant sous une autre forme science et société, si bien que tout reste encore à faire.

Le refoulement impossible

La culture occidentale est traversée par deux drames. Le drame de la religion extérieure et celui de l'humanité extérieure.

La religion extérieure a tué la religion intérieure de l'humanité occidentale, en refoulant dans les marges de la mystique l'expérience intérieure de cette humanité. Une religion conformiste a ainsi vu le jour, qui a fait passer au premier plan les questions morales et politiques.

À travers la Réforme protestante, puis l'humanisme révolutionnaire, la culture occidentale a cherché à renouer, par deux fois, avec son humanité intérieure, sans y parvenir. C'est souvent d'une façon morale et politique et non pas de l'intérieur, qu'a été remis en cause le conformisme moral et politique. D'où la situation paradoxale que vit l'Occident.

Celui-ci connaît régulièrement des crises révolutionnaires qui, nées afin de supprimer un conformisme existant, n'aboutissent qu'à installer un nouveau conformisme. À cet égard, la schizophrénie de l'humanisme révolutionnaire est symptomatique.

Sous la Révolution française, Robespierre, l'artisan de la Terreur et du massacre des prêtres catholiques, a exigé dans la Déclaration des droits de l'homme la suppression de toute référence à l'Être suprême ainsi que de la notion de devoir. Il fut néanmoins celui qui organisa le culte de l'Être suprême, dont il se fit le prêtre.

Staline a envoyé des millions de croyants périr dans les camps du Goulag, afin de purifier l'Union soviétique de la religion. Cependant il a aussi été l'organisateur de son propre culte de la personnalité.

À l'heure actuelle, la société occidentale, par médias interposés, ne cesse d'assimiler religion et violence. Pourtant, elle fait rentrer par la fenêtre, la religion qu'elle a chassée par la porte, en cherchant un substitut de religion dans des religions sans Dieu, comme le bouddhisme, ou dans des mouvements caritatifs laïques, comme les mouvements humanitaires.

Freud l'a constaté, il est impossible de refouler le désir des hommes. Quand on le fait, le désir refoulé revient sous d'autres formes, dites substitutives. S'il est vrai qu'on ne peut refouler la sexualité humaine, n'en est-il pas de même de la quête spirituelle des hommes ?

Comment nier qu'il existe en l'homme une soif d'infini, et qu'elle n'est pas une forme de sublimation pour échapper à un conflit intérieur ou à un état de malheur social ?

Les hommes ont besoin de pain. Mais cela ne leur suffit pas. Les nourritures immatérielles sont aussi importantes que les nourritures matérielles. Ce sont elles qui donnent sens au pain terrestre que l'on mange. L'économie d'un pays ne prend-elle pas tout son sens quand elle ne sert les richesses matérielles que pour faire vivre les richesses immatérielles de la création artistique et culturelle sous toutes ses formes ?

Une vision étroite de l'existence tient la soif d'infini qui habite le cœur de l'humanité pour une utopie, destinée à des esprits immatures. N'est-ce pas au contraire cette soif d'infini qui élève la conscience des hommes en leur faisant découvrir des espaces intérieurs insoupçonnés ?

N'est-ce pas cette soif qui débouche sur la transformation de la société, l'humanité se refusant à vivre d'une façon inhumaine ou médiocre ? N'est-ce pas encore cette soif qui conduit les êtres à s'aimer en allant chercher dans la passion ou dans la nuptialité un dépassement d'eux-mêmes, voire une participation à la diffusion de la vie dans l'univers ?

Dieu est dit transcendant, car il dépasse tout ce que l'on peut imaginer. Aussi paradoxal que cela puisse paraître, il n'est pas pour autant inaccessible. Tout être a un désir. C'est par lui que Dieu se communique à l'humanité. Efforçons-nous d'entrer à l'intérieur du désir, nous découvrons que celui-ci est sans objet. Car désirer n'est pas désirer ceci ou cela, mais désirer par-delà tel ou tel objet, pour désirer. C'est le caractère énigmatique du désir. Il ne sait ce qu'il désire, on le comprend. Son désir est avant tout un désir de se sentir vivre. Les objets qu'il se donne ne sont que des moyens de se faire vivre, afin de s'éprouver comme vivant.

Par le désir, l'infini revient à lui-même. Les mystiques l'ont compris. D'où leur effort vers le dépouillement, pour n'être plus que le désir même.

On ne peut étouffer la voix du désir. Dans ce cas, cette voix revient sous forme de cri et de violence. Intuitivement, nous le savons. Nous avons conscience que la grande question à laquelle il importe de répondre est celle de l'amour et de la haine. Ce n'est pas un hasard : à travers la question de l'amour, c'est l'infini qui nous parle. Il nous indique sa présence, pour nous rappeler que l'infini nous concerne.

La vie comme méthode

Le monde contemporain est victime d'un blocage à l'égard de la foi, et ce n'est pas par hasard. Avec une grande clarté, bien avant tout le monde, Bergson en a saisi les raisons dans *Les Deux Sources de la morale et de la religion.*

Il y a deux façons possibles de se rapporter à

Dieu. D'une façon vivante, en le considérant de l'intérieur, comme Dieu vivant faisant vivre. Et aussi d'une façon morte, en le considérant de l'extérieur, comme un instrument utile, aux niveaux scientifique et politique. Malheureusement, la seconde démarche a triomphé. Un fait en témoigne : l'habitude prise de penser Dieu comme limite pour l'homme, et non comme ouverture des possibilités qu'il recèle.

Reportons-nous au discours habituel sur Dieu. Nous le découvrons sans cesse envisagé d'une façon négative. En science, Dieu est convoqué parce qu'il est inconcevable d'envisager le hasard comme cause du monde. En morale et en politique, parce que le sacré est utile pour fonder les interdits moraux ainsi que l'autorité politique, Dieu est une fois encore appelé au secours.

Constatons-le, Dieu est toujours pensé contre. Contre le hasard ; contre la violence morale ou politique. Dans les deux cas, l'inspiration demeure la même, il s'agit d'assurer l'ordre face au chaos.

La religion a souvent été perçue comme un phénomène pathologique. Cela a beau être réducteur, ce n'est pas complètement faux. Il existe des comportements religieux pathologiques. Ils proviennent de la peur qui les anime sourdement. Comme le monde et ses changements effraient, on se raccroche à Dieu. Parfois d'une façon paranoïaque, par obsession du mal, afin de sauver le bien. Résultat, Dieu est instrumentalisé. On se tourne vers lui non pas pour le vivre de l'intérieur, mais afin de garantir un ordre de la raison tant scientifique que morale et politique. On l'utilise comme fondement de tous les fondements, ordre de tous les ordres. Afin que le monde ait un sens et que la vie humaine soit encadrée. D'où une étrange gymnastique intellectuelle consistant à partir des nécessités humaines d'un sens et d'un cadre, pour conclure sans transition que Dieu est la cause créatrice de l'univers.

Outre que le désordre n'est pas forcément une mauvaise chose, ce n'est pas parce que le désordre n'est ni souhaitable ni souhaité que Dieu existe. Il faut dès lors comprendre le rejet de Dieu, qui n'est pas tant le produit d'une fermeture intérieure, que d'un malaise face à un ordre scientifique ou politique se transmutant en ordre absolu, par l'entremise de Dieu. En son temps, Marx a qualifié cette prestidigitation d'idéologie, dénonçant la mystification qui consiste à faire valoir un ordre purement humain comme ordre divin. Il n'a pas eu tort. Tout ce qui tente de devenir un pouvoir cherche à s'entourer d'une aura magico-religieuse, afin d'apparaître d'une façon incontestable. Il y a néanmoins une autre façon de concevoir Dieu.

Elle consiste à penser Dieu non sur un mode négatif, à partir de l'impossibilité du hasard ou du chaos, mais d'une façon positive, comme possibilité inouïe de l'humanité. On est alors libéré de la peur qui instrumentalise Dieu. Pour mieux le comprendre, faisons une expérience. Rentrons en nous-mêmes en agissant tout au long de notre vie, afin de sentir ce que nous vivons en le vivant de l'intérieur. Une transformation s'opère, la vie devient plus vivante.

Nous étions absents, nous sommes désormais présents. Nous faisons agir, alors que nous étions agis. Des profondeurs insoupçonnées se révèlent en nous, dans la vie autour de nous. Grâce à elles, nous découvrons peu à peu que nous ne sommes pas seuls au monde. Un immense courant de vie nous traverse, qui traverse toutes choses. Un courant de vie qui a commencé avant nous et se prolonge au-delà de nous. Appréhender un tel courant fait accéder à l'éternité. Tout est vivant, bien plus que nous le supposons. Une éternité de vie existe et nous fait exister. Il n'est pas arbitraire de l'appeler Dieu. Celui-ci n'est pas la caution d'un ordre du sens et de la morale, mais une libération à l'égard de tous les ordres existants, sous la forme d'un vivant ayant sa vie propre et parlant à notre vie.

Nul ne sait jusqu'où peut aller un être humain, de quelles profondeurs il découle. Dieu permet de s'ouvrir à cet inconnu d'une façon aussi passionnante que vertigineuse. Aussi, n'est-il pas exagéré de dire que l'idée de Dieu est la meilleure part de l'homme. Sa part aventureuse, libératrice, créatrice. On ne l'a pas assez dit, ou bien on l'a mal dit. Il importe de le dire à nouveau, en utilisant ces grands praticiens de la vie intérieure que sont les mystiques.

Ainsi que l'a montré Bergson, ceux-ci sont des pionniers qui ont expérimenté des états de conscience inédits dans l'humanité, en descendant dans les profondeurs d'eux-mêmes, simplement en se vivant de l'intérieur corps et âme.

Ces pionniers n'ont pas été entendus, et ne le sont toujours pas. D'où le drame du monde contemporain, ballotté entre conformisme religieux et révolte individualiste voire nihiliste, sans que jamais soit évoquée la question de l'homme intérieur. Quand Dieu meurt à cause du conformisme religieux ou à cause du refus du religieux par anticonformisme, la profondeur même de l'homme disparaît.

Retour aux explorateurs

La mystique a bien des choses à nous apprendre. On ne s'y intéresse que d'une façon marginale, quand on ne la confond pas purement et simplement avec une forme d'exaltation, ce qui est une profonde erreur.

Il y a, bien sûr, une différence entre la raison et la foi. La raison n'est pas la foi, au sens où la raison démontre : elle procède par preuves, elle explique, elle justifie. Elle passe par un discours en bonne et due forme. La foi, elle, ne démontre pas. Elle ne procède pas par preuves, ne justifie pas, n'est pas discursive, elle est. Et se montrant comme étant, elle en dit plus long que bien des discours.

La foi se mesure par des actes, comme l'amour. D'où son silence. Un silence bien résumé par le terme « mystique », lequel vient de mystère, et signifie silence. La foi est un acte mystique, au sens où elle fait taire le discours, fait silence sur les mots, afin de laisser parler le geste. Il serait toutefois erroné de croire que la foi, n'étant pas de l'ordre du discours démonstratif, est sans raison. Pascal dit que le cœur a ses raisons, que la raison ne connaît pas. Même si ses raisons ne sont pas de l'ordre de ce que nous appelons la raison, la foi a ses raisons.

La foi profonde est toujours une foi hautement méditée, qui n'a rien à voir avec la foi dite sociologique, que l'on trouve à sa naissance, avec la religion dans laquelle on naît, ni avec le piétisme, cette déviation sentimentale de la foi. Cette foi naît d'une ouverture provenant d'un retour sur soi.

Quand on se met à vivre de l'intérieur de soi-même, il arrive de franchir un seuil. En sentant vivre en soi un grand courant de vie venu de nos profondeurs, et allant au-delà de nous-mêmes, nous nous ouvrons à un Être vivant, infini et éternel. La foi est ouverture à une telle ouverture.

On pourrait ne prêter aucune attention à cette source de vie qui nous traverse, ou bien la refuser, en la dévaluant et en se fermant ainsi à elle. Tel n'est pas le cas, on accepte de se laisser ouvrir de l'intérieur, en vivant cette source comme une expérience de toute la vie.

À cet égard, la foi n'est pas une absence de connaissance, mais davantage qu'une connaissance, puisqu'elle est l'acte vivant par lequel on se relie à la source même de la vie, en partant de la vie qui coule en soi.

Seule la foi peut accéder à cette connaissance. À ce niveau, il ne faut pas simplement réfléchir, il faut s'ouvrir, la vie se découvrant par la vie, ce que vérifie la réalité. Faisons l'expérience de vivre avec la totalité et non une partie de nous-mêmes, la vie comme totalité vivante se dévoile. Les mystiques, à travers leur plongée dans le silence et la méditation, le savent bien. En faisant taire la vie décousue du quotidien, ils donnent la parole à la vie réunifiée, qui émane de la source de vie. Une vie vibrante, qui fait tout résonner. Saint François d'Assise en a donné une belle illustration dans son hymne au frère Soleil. Profondément habité de l'intérieur, il a libéré son regard sur la vie, en percevant que tout est vivant.

La foi n'est ni dans la raison, ni dans un geste qui obéit à une simple raison. Elle est « la » raison par excellence. Née de l'expérience la plus sérieuse et la plus profonde que puisse faire un être humain, elle débouche sur une révélation de la vie dans sa totalité. Loin d'être sans logique, elle est dotée d'une logique autre.

Relisons en effet les vies des grands spirituels qui ont jalonné l'histoire de l'humanité, nous découvrons des vies surprenantes, originales, marquées par des expériences, des rencontres, des épreuves, des illuminations. Ces vies ne sont pas vides, elles sont pleines, aventureuses. Vies dont on s'aperçoit qu'elles ont été guidées de l'intérieur par un désir d'être remplies.

Pascal a bien résumé la logique de la raison mystique en soulignant qu'un peu de raison éloigne de la religion et que beaucoup l'y ramène. L'essentiel n'est pas la raison, mais la façon plus ou moins intense de la vivre. La mystique est excès, passage à la limite. Elle émane d'une soif d'existence qui amène les êtres à franchir des seuils successifs. D'où les détours de ces vies spirituelles, qui semblent désordonnées alors qu'un ordre les entraîne.

Bergson avait raison. Il est dommage que l'on n'étudie pas les mystiques. Si on le faisait, on découvrirait des états de vie inédits, qui informeraient la science sur le devenir de l'humanité.

On comprendrait la logique de nos existences, qui semblent éparpillées et vides, alors qu'en réalité, un fil d'or en tisse l'unité cachée, qu'il ne tient qu'à nous de faire apparaître.

Pour une pratique de l'existence décisive

La foi est connaissance, on ne le dira jamais assez. Elle est raison vivante, raison en acte. La raison, telle qu'on la pratique, a du mal à l'admettre. Elle voit le monde d'une façon abstraite, oubliant d'être une raison concrète voyant le monde d'une façon vivante.

Du point de vue de l'entendement, rien n'est moins raisonnable que la subjectivité, plus dangereux que l'immédiateté, aussi peu digne d'intérêt que l'élan. Du point de vue de la raison vivante, il en va autrement. Rien n'a davantage de raison que la subjectivité, l'immédiateté, ainsi que l'élan, tout ce qu'il y a de fondamental dans l'humanité s'exprimant par leur entremise.

Il faut être objectif, a-t-on coutume de dire. Et pour cela, il importe de s'élever au-dessus de la mêlée de l'existence, sans parti pris, en ne croyant en rien. Attitude inquiétante, car ne croire en rien n'est pas la marque d'une absence de croyance, mais d'un présupposé nihiliste, ce que met en évidence l'amoralité dont font preuve certains savants au nom de la raison. Sous prétexte d'impartialité, ils se conduisent comme s'ils n'appartenaient plus au monde ni à l'humanité. Quand il s'agit de la mort d'autrui ou de la violence, cela débouche sur du cynisme.

Mort et violence sont vues comme des faits normaux, et chaque réaction morale, ou interrogation existentielle, jugée naïve.

Une telle attitude aboutit à l'interdiction de tout comportement rationnel, aussi paradoxal que cela puisse paraître.

Ne l'oublions pas, on a pu lutter contre le nazisme parce que l'on a estimé sa violence insoutenable. Si l'on avait été impartial, en la prenant sur le mode de la fatalité, il aurait été impossible de lutter contre ce fléau. Il faut en tirer les conséquences. La raison n'est pas ce que l'on imagine, la faculté de regarder le monde avec indifférence, comme un monde de choses mortes, mais, au contraire, un regard vivant porté sur un monde vivant.

Un tel geste est un geste de foi, une ouverture.

Pour rester ainsi soi-même, il faut oser le rester, oser soutenir que seul le lien avec soi-même fonde tous les liens noués avec le monde. Ce qui est la logique même, et non une pétition de principe subjective.

Ayons en effet un lien en profondeur avec nous-mêmes, nous serons la vigilance même, et donc la raison face à la folie.

La subjectivité vivante contient en elle un infini d'esprit, qui se dévoile, pour peu que l'on ait un rapport personnel à soi. Que de tragédies pourraient être évitées si l'on entreprenait de vivre ainsi personnellement. On ne le fait pas assez, car on ne croit pas en sa propre existence. La violence peut alors se déployer et paraître réelle puisque rien n'existe vraiment.

À l'aube du développement scientifique et technique moderne, Kierkegaard n'a cessé de lutter pour faire reconnaître les droits de la passion et de l'individualité. Il n'a pas toujours été compris. Il est malaisé de comprendre que la foi dans la vie fait exister toute chose et empêche la vie humaine d'être dévalorisée et finalement broyée. Tout comme on a du mal à apercevoir que la profondeur peut recéler l'immédiateté. À l'instar de la subjectivité, on la juge mal, voyant en elle l'irréflexion même. Elle est, au contraire, la réflexion même, sous forme d'une réflexion fulgurante. La subjectivité en est l'illustration.

Pour devenir une individualité, il n'y a qu'un moyen, passer par soi. Devenir à un moment la propre méditation de soi-même. On y accède en osant être immédiat. Ce saut qui délivre la réflexion de soi sur soi, conscience profonde de chacun.

Oser cela est ce qu'il y a de plus difficile. La passivité est si grande, l'encouragement à la passivité si répandu. Écoutons les discours qui se tiennent : tous réclament des moyens d'être soi-même, tous attendent que la clef vienne de l'extérieur. Aucun ou presque ne parle de se saisir soi-même.

Bien qu'aux antipodes l'un de l'autre, Leibniz et Bergson ont dit substantiellement la même chose, de façon différente. Le monde est énergie, il y a en lui une force qui ouvre tout. Il suffit pour la rencontrer de plonger en soi, car nous sommes cette force. Il suffit de devenir une individualité et oser l'immédiateté pour s'en convaincre. Celui qui ose en est rempli de force.

En ce sens, la foi n'ouvre pas seulement l'existence sur la logique d'un mystère, elle l'ouvre aussi sur l'énergie même de la vie. Une énergie que l'on découvre en se dépouillant. Un tel acte délivre les élans contenus dans la vie qui en sont l'essence. Bergson l'a bien montré, un élan est plus qu'un mouvement. C'est un mouvement avant le mouvement, et aussi au-delà. Dans le mouvement, c'est le tout vivant en acte. Nous touchons là l'éternité, raison pour laquelle un élan bouleverse tant. Nous y entrevoyons l'éternité d'une façon humaine. Cette humanité émeut, l'homme étant toujours émouvant quand il porte de grandes choses.

La foi est un élan et cet élan n'est pas une impulsion superficielle, mais le fond même des choses. La preuve en est que l'humanité naît à travers un élan d'amour qui exprime l'élan de la vie vers elle-même. Elle se perpétue à travers les mille élans de chaque jour, rien n'étant plus joyeux que de recevoir un élan et de le transmettre.

Vers un monde visionnaire

Faisons un retour sur nous-mêmes. Il nous conduit aux extrêmes : d'un côté, il nous ouvre les portes de l'éternité, en nous faisant ressentir la vie qui s'écoule en nous, une vie qui a commencé avant nous et au-delà. D'un autre côté, il nous ouvre les portes de notre individualité, en nous faisant vivre la conscience que nous sommes. Une conscience qui se libère, pour peu qu'on la vive.

Chacun porte en lui la capacité d'aller vers sa liberté. Chacun porte en lui également la capacité de s'ouvrir à l'éternité. Encore faut-il faire vivre l'homme intérieur qui vit en chacun. Ce n'est pas évident. Face à soi, deux comportements courants : on n'ose être soi, ou si on l'est, seulement de façon superficielle, en faisant vivre son moi narcissique et non l'homme intérieur, incarnation vivante de la vie éternelle. Le christianisme désigne cet homme intérieur sous le nom de Christ, le béni de Dieu, le Sauveur. C'est l'homme intérieur qui sauve la vie de l'oubli de soi comme de la confusion avec soi.

On peut passer à côté de soi-même. Tant de

vies passent à côté d'elles-mêmes. On est alors dans l'exil de soi. Un exil qui peut conduire à la mort. On peut aussi se rencontrer en laissant vivre en nous l'homme intérieur qui ne demande qu'à vivre. On passe alors de la mort à la vie, on est un ressuscité.

Quand quelqu'un ne sait pas qui il est, on dit qu'il ne se voit pas et, plus généralement, qu'il ne voit rien. Quand quelqu'un, au contraire, sait qui il est, on dit qu'il se voit et, plus généralement, qu'il voit.

Depuis quelques décennies, l'Occident apprend à voir sa propre histoire intérieure à travers Œdipe, l'homme qui ne voyait pas et qui apprend à voir. N'oublions pas non plus le Thomas des Évangiles, ce disciple qui apprend à voir en découvrant son homme intérieur.

La scène est connue : le Christ ressuscité se tient devant ses disciples. Thomas, l'un d'entre eux, demande à toucher ses plaies afin de s'assurer qu'il est bien celui qui est mort et ressuscité. Le Christ le laisse faire. Alors, Thomas tombe face contre terre et loue Dieu pour ce qu'il vient de comprendre.

La résurrection du Christ est l'éclatant témoignage de l'humanité intérieure. Incompréhensible si l'homme n'est envisagé que d'un point de vue charnel, elle devient vraisemblable si l'on s'ouvre aux profondeurs de l'intériorité.

Chacun s'accorde à reconnaître que l'identité d'un être humain ne se confond pas avec celle qui figure sur sa carte d'identité, mais avec sa présence. Bien réelle quoique immatérielle, celle-ci exprime le courant de vie qui caractérise la personnalité. Aussi est-elle celle que l'on retient, parfois longtemps. Quand les personnalités sont grandes et créatrices, elles passent à la postérité, vivent dans les mémoires et la culture. Et si la présence était capable d'aller bien au-delà de la mémoire consciente des hommes ? Tel est l'extraordinaire message de la résurrection du Christ. Encore faut-il, pour le comprendre, vivre ce message de l'intérieur, ce que l'on ne fait pas. Et voilà pourquoi il est si malaisé de croire en la résurrection.

Thomas est une illustration de ce que nous sommes. Il ne croit pas que l'identité humaine se limite aux apparences. Dans ce cas, en voyant le Christ ressuscité, il crierait à la supercherie. Mais il ne croit pas non plus aux possibilités de la présence et de l'homme intérieur, il demande à vérifier.

En laissant toucher ses plaies, le Christ lui

montre que tout est réel, sa mort et sa résurrection. Tout est vivant pour l'homme vivant. Le Christ est la pleine révélation de la présence en lui-même de cet homme vivant, et donc capable de tout traverser, la mort et la résurrection. Thomas le comprend : cet homme vivant qu'il voit et qu'il touche parle à l'homme vivant qui est en lui. De ce fait, lui aussi ressuscite. Il peut aller partout, comme le Christ.

La vraie foi n'abolit rien, elle assume tout, elle est alors digne de foi. Elle est le tout vivant en acte. Dieu dit à Moïse qu'il est Celui Qui Est. En assumant tout, le Christ donne une pleine réalité à ce nom de Dieu.

Il est heureux de voir et de croire. Tant de gens ne croient pas, bien qu'ils aient vu, leur être intérieur ne s'étant pas éveillé au contact de ce qu'ils ont vu. Mais il est encore plus heureux de croire sans avoir eu besoin de voir. Cela signifie que l'homme intérieur n'a pas besoin d'être réveillé, puisque l'on est devenu cet homme.

Thomas résume bien la condition humaine : quand elle ne laisse pas parler l'homme intérieur, elle cesse de voir ; quand, au contraire, elle le laisse parler, elle voit.

La foi et l'ouverture de l'homme intérieur

sont une seule et même chose, la foi consistant à croire en cet homme et à le vivre. Aussi est-il juste de dire qu'elle incarne le salut sur terre. Elle sauve, non parce qu'elle est une sécurité sur le plan psychologique, mais parce que avec elle seulement nous voyons qui nous sommes en profondeur.

À supposer que Dieu existe, disait Nietzsche, l'état indigne de l'humanité empêchera toujours d'y croire. Comment croire en un Dieu qui croit en cette humanité telle que nous la voyons ?

Nietzsche a toutefois oublié une chose. Si l'homme naturel peut être indigne de Dieu, l'homme intérieur en est toujours digne. C'est un tel homme que nous sommes appelés à être.

Une humanité se cherche dans l'humanité. Sa soif de vie face à la mort en témoigne. Nous n'avons pas encore tout vu.

La religion et la question du Père

Homme intérieur et foi sont inséparables. Il importe d'en comprendre la portée. Cela ne veut pas dire que l'homme remplace Dieu, mais constitue un véritable accès à Dieu. Sur un mode intime, dans une relation filiale, de Fils à Père. Cela n'a pas été toujours compris.

Quand il est question de Dieu, il est souvent envisagé avec distance. On y croit, parce qu'il faut bien croire à quelque chose, parce qu'il faut bien se soumettre à quelqu'un. Dieu est bien un Père, mais un Père abstrait, sous la forme d'une cause ou d'un fondement moral. Il ressemble à ces pères auxquels les enfants obéissent sans les aimer.

Quand il n'est pas envisagé avec distance, Dieu est abordé dans la haine. On lui reproche d'avoir créé le monde et les hommes. On n'accepte pas de l'appeler Père, voyant là une projection névrotique d'un moi frustré de père dans sa jeunesse.

D'une façon générale, les rapports à Dieu sont ambivalents, les attitudes à son égard oscillant entre soumission et révolte. En psychanalysant la religion, Freud a pensé en comprendre la raison. Il y aurait eu, à l'origine de la culture, une classique histoire de famille, une rivalité entre père et fils. Aux yeux des fils, les pères sont ceux qui confisquent les femmes, puisqu'ils confisquent les mères. D'où la nécessité pour le fils de tuer le père afin de récupérer sa virilité, puis de lui vouer un culte, par culpabilité. La même scène se serait produite à l'origine de toutes les cultures humaines, nombre de mythes évoquant ce meurtre fondateur.

Freud a voulu montrer que Dieu cache la figure du père, qui cache elle-même un état de violence opposant les pères aux fils, et les fils aux pères. S'il est vrai que ces relations existent et expliquent bien des névroses religieuses, la violence de ses propres partis pris antireligieux a empêché le fondateur de la psychanalyse d'appréhender l'essentiel.

Il existe une figure créatrice du Père, considéré comme celui qui ensemence la vie. Sur un plan spirituel, cet ensemencement renvoie à l'engendrement qui fait advenir à lui-même celui dont il ensemence l'esprit. Quand il y parvient, une liberté créatrice voit le jour et crée des générations d'esprits libres.

Le Père incarne la bienveillance à travers l'ensemencement, car faire advenir un autre à lui-même revient à veiller sur lui.

Dieu n'a pas simplement créé le monde et les hommes. Il a surtout créé en chaque homme un homme intérieur, capable d'advenir à lui-même et de faire rayonner cette liberté créatrice en donnant naissance à des mondes ainsi qu'à des lignées d'esprits libres. En ce sens, il est un Père. Un véritable Père. Faisons l'expérience de l'homme intérieur, et nous éprouvons un intense sentiment de jubilation. En faisant une telle expérience, nous naissons à la vie, nous sommes engendrés, nous nous découvrons en même temps que nous découvrons le Père.

Le conformisme religieux ne l'a pas compris. La révolte antireligieuse non plus. Dieu est une figure intime en nous-mêmes. Il est même ce qu'il y a de plus intime en nous. On devrait donc se sentir chez soi en étant avec lui. On fait l'inverse, en ne cherchant qu'à savoir si Dieu a créé l'univers ou non. Ou bien en nous demandant par quel moyen se débarrasser de l'autorité divine et de ses figures. Dans tous les cas, on ne sort pas de la figure punitive de Dieu, sa paternité n'étant jamais envisagée comme une heureuse source de vie nous concernant.

En ce sens, Freud s'est trompé et nous tous avec lui. La névrose religieuse ne procède pas d'un rapport au Père, mais d'une absence de tout rapport à lui. Si c'était le cas, étant engendrés dans notre humanité intérieure, un rapport névrotique à la religion serait impossible.

Il faudra dès lors relire les origines de la culture autrement que nous le faisons. Existerait-il un meurtre fondateur à l'origine de la culture, ce n'est pas celui que l'on imagine. À l'origine, un père violent n'a pas été tué, mais l'homme intérieur de chacun et derrière lui, la source de vie qui engendre un tel homme. Rousseau l'a perçu, en voyant à travers la société et son histoire la victoire de l'homme extérieur sur l'homme intérieur. Bien des esprits le perçoivent et la société ne les inquiéterait pas autant, si ce n'était le cas.

On se trompe donc en réduisant la question de la foi à savoir si Dieu existe ou non et s'il faut y croire ou non. La véritable interrogation que suppose la foi est autrement plus importante. Elle exige que l'on se demande qui est notre père. Qui nous engendre. Pourquoi nous ne sommes pas engendrés. Quand allons-nous partir à la découverte de ce qui nous fait vivre ?

Qu'est-ce qu'être Fils ?

Si la question de Dieu renvoie à la question du Père, cette question du Père renvoie à celle du Fils. Ce n'est pas aisé à comprendre ; le christianisme a tant parlé du Fils qu'on en oublie parfois le sens.

Le Fils n'est pas le Fils extérieur, celui qui est né d'un père situé dans le temps, dans l'espace, avec telle nationalité, telle culture, telle identité. Ce n'est pas le petit mâle né d'un père incarnant la virilité. Beaucoup d'hommes ont un tel père, sans avoir jamais senti ni compris ce que signifie être fils.

Le Fils n'est pas non plus le Fils passif, l'héritier qui reçoit un nom, des biens, une mémoire, et qui en profite. Tant d'hommes sont les héritiers passifs de l'existence, sans avoir compris ce que signifie recevoir une filiation et un héritage.

Le Fils est le Fils intérieur, celui que le Père, source de vie, a engendré. Celui surtout qui s'est laissé engendrer par le Père, source de vie.

Tout être humain a des racines ontologiques, et pas simplement terrestres. Il ne le comprend qu'en prenant conscience que pour être lui-même, il faut être tout court.

Être veut dire que l'on accepte de recevoir en soi la source de toute vie, dont la sienne, en se laissant habiter par cette source. Celle-ci n'est pas simplement ce courant de vie récapitulant toute l'évolution. Elle va au-delà de ce courant, dans les profondeurs de l'origine, qui relève d'un immense amour pour la vie et les hommes.

C'est ce qu'explique Dieu à Moïse dans la Bible (livre de l'Exode, 3, 14), quand il dit se nommer Je Suis. Il est la source de tout être, l'être de tous les êtres, le suprême existant, le suprême donneur d'existence.

Nous sommes tous les fils et les filles de cette source de vie. C'est ce que signifie la notion de fraternité. Celle-ci exprime que nous avons le même père, et tous des racines ontologiques.

Nous sommes tous appelés à devenir les fils et les filles de la source de vie. C'est la signification de notre existence dans ce monde. Nous sommes appelés à vivre dans sa plénitude la vie qui coule en nous

De ce fait, nous sommes invités à devenir des Fils actifs au lieu de demeurer des Fils passifs. Mettons-nous à vivre pleinement la vie qui nous est donnée, et nous passons de l'inconscience à la conscience. Surtout, en devenant ainsi des êtres conscients, nous devenons des Pères à notre tour. En vivant activement notre vie, nous faisons naître, comme le Père fait naître. Nous aidons le monde ainsi que les hommes à accoucher d'eux-mêmes.

La filiation avec le Père est un acte profondément vivant qui consiste à recevoir la vie du Père, source de vie, puis à redonner cette vie à d'autres. On ne peut donner en profondeur si l'on ne s'est nourri de la vie du Père. Mais cette vie dont on s'est nourri n'a de sens que si on la transmet.

Le Fils est un Père actualisé et non un Fils prisonnier de son statut de Fils. Il démultiplie le Père, source de vie. Ce qu'il ne ferait pas s'il demeurait passif.

Nous disons qu'un fils est le digne fils de son père quand il continue les œuvres de celui-ci. Il y a là une juste intuition. Un fils est un fils en devenant père à son tour, comme son père. C'est en devenant source de vie qu'il rend à la source de vie dont il est issu l'hommage qui lui revient.

La relation Père-Fils est donc la manifestation concrète du moyen qu'emprunte la vie pour se diffuser. Il faut le Père, puis il faut le Fils, pour que se perpétue la vie. Les Évangiles nous en donnent plusieurs illustrations dont on peut citer deux.

Le grain de sénevé, quand il est mis en terre, produit des fruits au centuple, nous est-il dit. Cela illustre la relation Père-Fils. Plantons les fils de la vie extérieure que nous sommes dans la terre intérieure du Père, source de vie, nous passons de l'état de fils potentiels à celui de fils actuels. Nous devenons plus que fils, nous devenons pères, c'est-à-dire sources de vie.

Il existe en chacun de nous un fils qui fuit son père avant de le retrouver, nous est-il encore dit dans la parabole du fils prodigue. Quand le fils de la vie qui est en chacun demeure un fils extérieur, il se disperse et se ruine. Si bien qu'il est obligé de garder les porcs afin de survivre. Quand il redevient le fils intérieur du Père, source de vie, il devient un père à côté du Père, et participe au festin céleste.

La tradition l'a bien compris, et en particulier, la tradition des pères du désert, source de toute la vie spirituelle du christianisme. Les maîtres spirituels étaient appelés « Père », ce qui est juste. Quoique fils de la vie, étant nés à la source de vie, ils étaient effectivement pères, puisqu'ils donnaient la vie par leurs paroles.

Il faut s'ouvrir, c'est-à-dire avoir la foi, pour passer de l'homme à l'homme intérieur, puis au Père. Il faut cependant faire davantage pour passer du Père au Fils. N'oublions pas que le Christ est mort pour s'être proclamé Fils de Dieu. Aussi convient-il de s'interroger. Pourquoi une telle phrase est-elle scandaleuse ? Parce qu'elle est outrecuidante et orgueilleuse ? Nullement, et ceux qui ont condamné le Christ à mort le savaient bien.

Quels sont les débats portant sur la filiation ? Il en existe deux.

L'un traite de la filiation traditionnelle, celle de la lignée fondée sur la continuité naturelle du sang. L'autre, de la filiation moderne, fondée sur la reconnaissance par un acte de volonté.

Bien qu'opposées, ces deux formes de filiation ont un point commun : elles ne sortent pas de l'humanité. Par le sang ou par la volonté, l'humanité incarne le Père ; et l'incarnant ainsi, elle prend sa place et le tue. Étonnons-nous dès lors que les questions de filiation débouchent sur des meurtres !

Dans le passé on a tué, au nom du sang, de la lignée, de la tradition, afin de préserver la continuité. Aujourd'hui, on tue au nom de la volonté, du choix, de la liberté, afin de défendre la souveraineté des hommes.

Toutes nos façons de penser la filiation sont meurtrières, l'idée d'une filiation divine étant absente. En se proclamant Fils de Dieu, le Christ a dénoncé ces meurtres. Puis il a subi les meurtres qu'il avait dénoncés jusqu'à en mourir.

L'idée d'une filiation divine dérange, car elle interdit tout pouvoir humain. Les pouvoirs le savent, qu'il s'agisse des pouvoirs extérieurs du monde comme des pouvoirs intérieurs de chacun. La foi consiste à passer outre, en préférant la filiation vivifiante du Père à la filiation meurtrière des pouvoirs. Elle est une naissance à la vie qui, ayant la force de mourir, la fait triompher, une naissance capable de mourir étant plus qu'une simple naissance.

Va de l'avant !

On ne peut parler du Père et du Fils, sans évoquer l'Esprit. Du moins est-ce l'enseignement de la théologie chrétienne et il y a là une profonde cohérence.

Si le Père est la source de la vie et si le Fils en est la manifestation, l'Esprit est ce qui va de l'avant, au-delà de la manifestation. Il est la vie à venir.

Il est impossible de concevoir le Père et le Fils sans l'Esprit. Cela revient à les tuer. On a raison quand on dit pour condamner quelqu'un ou quelque chose, qu'ils n'ont pas d'avenir. Ne pas accorder d'avenir est un geste de mort. Cela éclaire l'Esprit par rapport au Père et au Fils.

L'Esprit est l'avenir du Fils et, par voie de conséquence, l'avenir du Père. En ce sens, il est la source de la source de vie. Imaginons un instant l'absence de l'Esprit. Le Fils, dépourvu d'avenir, meurt ; le Père aussi.

Dans les Évangiles, Dieu est toujours l'avenir de l'homme, jamais son passé. C'est la raison de l'étonnant renversement de l'incarnation.

Bien que Dieu crée l'homme, il naît de l'homme, par l'entremise de Marie, appelée mère de Dieu. En devenant Verbe incarné, il prend le nom de Fils de l'Homme.

Cette naissance de Dieu du sein de l'humanité bouleverse tout. Il cesse d'être une origine figée établie une fois pour toutes et ramenant tout à elle. Il devient l'au-delà de l'homme, son inconnu.

L'esprit est le cœur de la vie divine. Voilà pourquoi le Christ tient davantage à lui qu'à sa propre vie. Le péché contre l'Esprit ne sera pas pardonné, nous est-il dit.

L'expérience le confirme. Qu'est-ce qu'une vie sans esprit ? Tout simplement une vie plus morte que la mort. S'il est tragique de mourir, il est scandaleux de ne pas faire vivre qui a la possibilité de vivre.

Quelqu'un qui gâche une possibilité serait impardonnable. Il pouvait accomplir, il ne l'a pas fait. Ce refus est la marque du néant. Aussi importe-t-il de ne pas pardonner pour le sortir de son néant.

La vie commence avec l'Esprit. On s'en rend compte avec la conscience. Quand quelqu'un renonce à lui-même, ne fait plus que suivre les désirs de son corps, on estime qu'il tombe au-dessous de lui-même, qu'il est moins qu'un homme. C'est encore plus vrai avec l'homme intérieur. Tant qu'une vie n'est pas remontée à ses sources ontologiques, elle demeure superficielle et vaine ; elle n'a pas pris contact avec elle-même.

La véritable histoire de l'humanité n'est pas l'histoire apparente que l'on suit tous les jours, mais l'histoire profonde qui fait naître l'humanité à sa véritable identité. L'humanité en a conscience, puisque c'est dans de grands esprits qu'elle se reconnaît.

L'homme intérieur croit à cette histoire profonde, le vieil homme n'y croit pas. D'où la tragédie qui pèse sur l'histoire. Les morts qui la jalonnent viennent de là.

Considérons l'origine comme une origine figée, donnée dans un passé lointain. Nous n'avons plus que la mort comme horizon. Il ne reste alors que deux solutions : refuser la vie afin d'échapper à la mort ; ou bien jouer avec celle-ci, afin de conquérir quelques instants de suprématie imaginaire.

Le vieil homme ne donne jamais d'avenir à l'homme, faute d'en donner un à l'homme intérieur. En désespérant à l'intérieur de lui, il finit par désespérer l'histoire autour de lui. Aussi est-il recommandé dans les Évangiles de rejeter le vieil homme, de suivre l'esprit de la lettre, et non la lettre.

La lettre tue, l'esprit vivifie. On sait à quel point il est violent de tout prendre au pied de la lettre. C'est la marque d'un esprit sans humour, voire d'un mauvais esprit. Mais là n'est pas le sens de la lettre et de sa critique.

On peut référer la vie à l'homme intérieur. L'histoire humaine s'ouvre alors. Les événements qui se déroulent prennent soudain une dimension symbolique et parlent. La lettre n'est plus lettre morte, mais lettre de l'Esprit. Elle devient Verbe. Totalité vivante et parlante faisant advenir la vie humaine à elle-même, en rendant chaque vie parlante.

En ce sens, la foi n'est autre chose que le dynamisme du Verbe, qui ne cesse de vivre. Nous en faisons l'expérience chaque fois que quelqu'un a l'inspiration d'inverser le cours des choses, en ne cédant pas à la tristesse dont le règne est si grand. Ce geste relance la dynamique du Verbe et rend la parole à l'homme intérieur. Les choses prennent une autre tournure. On passe de la banalité à la profondeur en apercevant la difficulté qu'éprouve l'humanité à naître, et la tristesse qui la saisit quand elle n'y parvient pas.

Il est donc toujours possible de renverser le cours des choses et de provoquer ainsi une admirable révolution. Ce geste n'exige pas des qualités surhumaines que seuls pourraient avoir des héros. Il consiste à vivre en ne cessant de vivre. Cela fait basculer les choses du côté de l'Esprit. La sagesse orientale l'a compris. À un jeune moine qui lui demandait de définir le Tao, un vieux moine taoïste s'est simplement contenté de répondre : « Va de l'avant. »

Toute la tradition spirituelle de l'Occident l'a également compris, puisque les prophètes, les saints et le Christ lui-même ont voulu que l'humanité ait la foi. Pour qu'elle naisse à elle-même en vivant, et puisse ainsi aller de l'avant.

Au mont Athos, dans le nord de la Grèce, des moines prient nuit et jour leur vie durant. Le lieu est splendide : un jardin méditerranéen dégringolant les versants abrupts de falaises qui plongent dans le bleu limpide de la mer, dans des effluves de senteurs gorgées de soleil ! Mais là n'est pas l'essentiel.

Les moines ne prient pas pour se perdre dans la beauté du monde, mais pour faire naître l'homme à venir qui attend de vivre. L'homme fondamental, celui que les chrétiens nomment le Christ, dont la présence est au cœur de chacun.

Dieu s'est fait homme afin que l'homme devienne Dieu, rappelle la patristique orthodoxe. En l'homme se rencontrent donc le Dieu vivant, qui s'incarne, et l'homme à venir, qui se déifie. C'est ce que signifie l'homme fondamental. Le projet le plus grandiose qui se puisse concevoir, le point de rencontre entre le ciel et la terre !

Tout homme peut devenir cet homme-là. Il suffit de rentrer en soi, en faisant vivre celui qui vit en nous. Cette plongée en soi révèle l'être des profondeurs. En le faisant surgir, elle fait monter une immense paix. Pour soi, pour le monde. Paix de savoir qu'existe une vie plus profonde que les apparences. Paix de se sentir vivre pour la première fois, de découvrir que cette paix parle aux autres. Comme si le monde l'attendait secrètement, et s'il était heureux de pouvoir se dire : « Enfin, un homme en paix. »

C'est en appelant à exister la profondeur de soi qu'on la fait apparaître. Cela s'appelle prier. En se liant d'une façon fondamentale à la vie fondamentale qui vit en soi, on transforme non seulement sa vie, mais le monde.

La foi est l'esprit du monde à venir. Elle le fera vibrer. Avec la beauté des harmonies du chant byzantin dévoilant les énergies cachées de l'univers, dans les premières lueurs de l'aurore à Athos, entre ciel et mer.

La nostalgie de l'admirable

Durant des siècles, les valeurs religieuses ont guidé le monde occidental. Dans ce cadre, la foi a joué un rôle central. Il s'en est suivi des réalisations remarquables dans tous les domaines, social, moral, culturel, artistique, architectural, littéraire, musical, théologique, mystique. Ce fut également source de conformisme, de régression, de violence.

Le monde contemporain ne se reconnaît plus dans des valeurs religieuses. La foi n'y joue plus un rôle central, d'où un climat de liberté. On ose dire aujourd'hui des choses que l'on n'osait dire hier, à cause de la pression morale qu'exerçait l'Église. Par exemple, on n'a plus peur de déclarer que l'on n'a pas besoin de Dieu pour vivre et que l'on préfère le bonheur de ce monde à la vie éternelle. Pourtant, les effets ne sont pas seulement libérateurs.

Le ciel des hommes d'Occident est devenu vide, la terre a pris sa place. Durant un temps, l'espérance révolutionnaire a laissé croire que le royaume de ce monde allait enfin accomplir ce qu'avaient cherché des générations dans le royaume céleste. Un jour, il a fallu se rendre à l'évidence, ce royaume avait tourné au cauchemar, il avait les mains inondées de sang.

La quête hédoniste tente aujourd'hui de succéder à l'espérance révolutionnaire. On fera par la fête ce que l'on n'a pu faire par la lutte politique, se dit-on. Mais quel goût prend la fête quand on festoie sur fond d'une existence qui viendrait du hasard et irait au néant ? N'est-ce pas un goût amer et finalement profondément sinistre ?

Le monde contemporain a tous les moyens d'être heureux. Jamais il n'a été aussi prospère. Pourtant, journalistes, sociologues et psychologues ne cessent d'évoquer le malaise du monde actuel, en citant les trop nombreux cas de vies désorientées, oscillant entre une quête d'oubli dans des paradis artificiels et le désir d'en finir. D'où vient un tel malaise ? Ne serait-ce pas du vide dans lequel a été installée la vie ?

Beaucoup de philosophes ont opposé la raison

et la foi, et pour divers motifs. Le conformisme politique exige toujours une foi pour l'humanité afin que le monde puisse tourner. Un tel usage de la foi est mystificateur, il sert à fabriquer de la servilité mentale. Les philosophes ont eu raison de le dénoncer. En revanche, il existe une autre foi, consistant à croire que la vie n'est pas née d'un hasard et ne va pas vers le néant. Rien ne le prouve, sinon une pure expérience de pensée ainsi que les effets de cette pensée. Voir ainsi la vie rend attentif, profond, généreux, créateur. C'est par un pur acte de foi que l'on s'élève vers cette profondeur, par un pur élan. Condamner cette foi-là est un crime, un attentat contre l'esprit, un déni de tout ce qui ennoblit l'humanité. Les philosophes, qui n'aiment pas la foi tyrannique, ont tort d'oublier qu'il existe une foi libératrice. Ils font l'erreur de la confondre avec ce qui opprime.

Un jour, ils devront en prendre conscience. La foi n'est pas ce qu'il y a de plus idéologique au monde, mais la révolution même. Une admirable révolution, la seule qui fasse des vivants et non des morts. Elle est notre seul moyen d'accéder à ce qui libère les hommes ainsi que le monde.

Réfléchissons. Quand avons-nous vécu une

authentique expérience de libération de nos forces vives ? Le jour où nous nous sommes laissé pénétrer par la vie. Ce jour-là, nous avons été insouciants. Nous ne nous nous sommes pas méfiés, nous n'avons pas douté de la vie, nous avons « cru ». Bien nous en a pris, cette apparente passivité s'est avérée une passivité créatrice. En nous pénétrant la vie s'est mise à travailler en nous, et nous a pétris de l'intérieur dans la durée.

Ce travail n'a pas été vain, peu à peu la passivité s'est mue en son contraire. Nous avons cessé de nous laisser faire, nous nous sommes mis à faire. Nous nous sommes liés à la vie, nous lui sommes devenus fidèles. Là encore, nous avons été insouciants, nous n'avons pas douté. Nous avons vécu le fait de vivre ainsi activement, comme nous avons vécu celui de vivre passivement. Et le vivant de la sorte, nous sommes devenus un vivant. Pour nous-mêmes, pour les autres. Nous sommes devenus ce témoin essentiel de la vie qui espère quand plus personne n'espère, agit quand plus personne n'a d'énergie pour agir, aime quand plus personne n'a de force pour aimer.

Un tel témoin est plus qu'un témoin. S'il

existe un témoin horizontal de l'homme face à l'homme, il existe un témoin vertical de l'homme face à Dieu.

D'où vient le surcroît d'amour et de vie qui sauve la vie ? À travers nous, ne vient-il pas d'au-delà de nous ? Et dans cet au-delà de nous, ne témoigne-t-il pas d'une source de vie et d'amour ?

Il y a un temps pour douter, le doute est nécessaire. Il épure la foi naïve qu'il transforme en foi profonde. Mais on ne peut seulement douter. À la longue, ce doute n'est plus un doute, mais de l'entêtement. Et un tel entêtement aboutit à une impasse, il enferme l'humanité dans une prison.

Comment vivre si l'on condamne la vie au départ, en jugeant qu'elle mène au néant ? Et pourquoi penser et se mettre en quête de vérité, si nous supposons qu'il n'y a aucune lumière à trouver parce que le fond des choses est obscur ? Surtout, pourquoi aimer si la vie n'est pas fondamentalement aimable car rien ni personne ne l'aime dans l'infini ?

Le monde contemporain a une attitude ambiguë à l'égard de la foi. Tout en la réduisant à de l'irrationnel, voire de la violence, il l'admire quand elle prend la forme de l'engagement qui veut aimer malgré tout.

Les Anciens appelaient nostalgie le désir de revenir au paradis perdu. Les Modernes entendent par révolution l'action de regénérer le monde. L'inspiration n'est-elle pas la même ? N'y a-t-il pas dans l'aspiration moderne à changer la face des choses la nostalgie d'une vie admirable, pleine de profondeur et de foi ?

On vit mal, enfermé dans un néant ontologique. On pense mal, comme on aime mal. Il faudra que le monde s'en rende compte un jour, qu'il comprenne que la foi n'est pas un élan aveugle, mais une splendide ouverture. La seule capable de délivrer le monde de la nuit qui le recouvre, en le faisant accéder à son véritable destin : l'éternité.

Table

DU MÊME AUTEUR

La Philosophie,
Larousse, 1993

La Souffrance,
Gallimard, 1997

Cassirer. La politique du juste,
Michalon, 1998

Pour une école du savoir,
Milan, 2000

La Mort interdite,
J.-C. Lattès, 2001

Et dans « Les Essentiels » de Milan :

Platon. La Philosophie. Les Philosophes anciens
Les Philosophes du Moyen Âge
Les Philosophes modernes. Les Philosophes contemporains
Les Grandes Interrogations philosophiques
Les Grandes Interrogations morales
Les Grandes Interrogations politiques
Les Grandes Interrogations de la connaissance

Les Grandes Interrogations esthétiques

Petit Précis de philosophie grave et légère

Kant ou l'invention de la liberté

Nietzsche ou la passion de la vie

Heidegger ou l'exigence de la pensée

Hegel ou la défense de la philosophie

Petite Philosophie du bonheur

« *Espaces libres* »

au format de poche

DERNIERS TITRES PARUS

100. *Le Cercle sacré. Mémoires d'un homme-médecine sioux*, d'A. FIRE LAME DEER.
101. *Être à deux ou les traversées du couple*, collectif dirigé par N. CALMÉ.
102. *La Source du bonheur*, de C. BOIRON.
103. *Une passion*, de C. SINGER.
104. *Cent prières possibles*, d'A. DUMAS. Préface d'O. ABEL.
105. *L'Art de vivre au présent*, collectif dirigé par É. LE NOUVEL.
106. *Manque et plénitude*, de J.-Y. LELOUP.
107. *Le Cercle de vie. Initiation chamanique d'une psychothérapeute*, de M. SÉJOURNANT.
108. *Le Théâtre de la guérison*, d'A. JODOROWSKY.
109. *Histoire d'âme*, de C. SINGER.
110. *L'Âme de la nature*, de R. SHELDRAKE.
111. *Au nom de la vérité, Algérie 1954-1962*, de Mgr L.-É. DUVAL.
112. *L'Art du kôan zen*, de T. JYOJI (inédit).
113. *L'Absurde et la Grâce*, de J.-Y. LELOUP.
114. *Le Palais des arcs-en-ciel*, de T. TCHEUDRAK.
115. *Éloge du bon sens*, de M. DE SMEDT.
116. *En chemin vers le Bouddha*, d'O. GERMAIN-THOMAS.
117. *Pour comprendre l'intégrisme islamiste*, de M. GOZLAN.
118. *Le Rêve de Confucius*, de J. LÉVI.
119. *Un art de l'attention*, de J.-Y. LELOUP.
120. *Religions en dialogue*, de J. MOUTTAPA.
121. *Le Courage de se libérer*, de P. et P. FENNER.
122. *Histoire des dalaï-lamas*, de R. BARRAUX.
123. *Du Sahara aux Cévennes*, de P. RABHI.
124. *Aux sources du zen*, d'A. LOW.
125. *Le Curé de Nazareth*, d'H. PROLONGEAU.
126. *L'Évangile d'un libre penseur*, de G. RINGLET.
127. *Le Courage de vivre pour mourir*, de N. MASSON-SÉKINÉ.
128. *Quand la conscience s'éveille*, d'A. DE MELLO.

129. *Les Fables d'Ésope*, de J. LACARRIÈRE.
130. *L'Esprit des arts martiaux*, d'A. COGNARD.
131. *Sans les animaux le monde ne serait pas humain*, de K. L. MATIGNON.
132. *L'Arc et la Flèche*, d'A. DE SOUZENELLE.
133. *Adieu, Babylone*, de N. KATTAN. Préface de M. TOURNIER.
134. *Le Gardien du feu*, de P. RABHI.
135. *La Prière parallèle*, de C. PAYSAN.
136. *Dieu a changé d'adresse*, d'O. VALLET.
137. *La Danse de la réalité*, d'A. JODOROWSKY.
138. *Le Courage de changer sa vie*, d'A. DUCROCQ.
139. *Le Maître de nô*, d'A. GODEL.
140. *Les Fleurs de soleil*, de S. WIESENTHAL.
141. *Khalil Gibran*, de J.-P. DAHDAH.
142. *Ces ondes qui tuent, ces ondes qui soignent*, de J.-P. LENTIN.
143. *Les Dix Commandements intérieurs*, d'Y. AMAR.
144. *Guérir l'esprit*, collectif avec J.-Y. LELOUP, F. SKALI, Lama D. TEUNDROUP.
145. *La Quête du sens*, ouvrage collectif.
146. *La Foi ou la nostalgie de l'admirable*, de B. VERGELY.
147. *Traversée en solitaire*, de M.-M. DAVY.

Composition Nord Compo
Impression BCI août 2004
Éditions Albin Michel
22, rue Huyghens, 75014 Paris
www.albin-michel.fr

ISBN 2-226-15429-9
ISSN 1147-762
N° d'édition : 22624. – N° d'impression : 043156/1.
Dépôt légal : septembre 2004.
Imprimé en France.